CISS

El nuevo Régimen de las Tasas y Precios Públicos Locales

La modificación de la Ley 39/1988, de 28 de diciembre, reguladora de las Haciendas Locales.
La Ley 25/1998, de 13 de julio, de modificación del régimen legal de las tasas estatales y locales y de reordenación de las prestaciones patrimoniales de carácter público

Por

José Ignacio Rubio de Urquía
Inspector de Finanzas del Estado

EL NUEVO REGIMEN DE LAS TASAS Y PRECIOS PUBLICOS LOCALES

Colón, 1-5. planta - Teléfono 96 352 34 61 - 46004 VALENCIA
Internet: http://www.ciss.es
Infovía: http//servicom.inf/ciss
E-mail: editoral @ ciss.es

Primera edición: Septiembre 1998

Deposito Legal: BI-1979-98

I.S.B.N.: 84-8235-200-8

Diseño portada: Ad+ de Comunicación Publicitaria, S. L.
Marqués del Turia, 39-10.ª - Valencia

Compone: Art i Composició, S. C.
Puebla del Due, 5 - Valencia

Imprime: Imprenta R.G.M., S.A.
P. Larramendi, 4 - Planta baja - 48012 Bilbao

Índice

Pág.

Presentación

La Sentencia del Tribunal Constitucional 185/1995, de 14 de diciembre, por la que se declaró la inconstitucionalidad de buena parte de los elementos integrantes del concepto de precio público establecido en el artículo 24 de la Ley 8/1989, de 13 de abril, de Tasas y Precios Públicos, produjo los efectos propios del estallido de una carga de profundidad en los cimientos mismos de la ordenación de determinadas prestaciones patrimoniales de carácter público, y ello no por motivo de esa declaración de inconstitucionalidad en sí misma considerada, sino por razón de la fundamentación jurídica en la que la misma se sustentó.

En pleno desconcierto doctrinal, científico y administrativo, la única idea que parecía gozar de cierta adaptación general conducía directamente a la necesidad, más que a la conveniencia, de intentar adaptar el ordenamiento jurídico al pronunciamiento del Tribunal Constitucional, idea ésta que algunos sectores de opinión se aventuraron a concretar algo más, indicando que tal adaptación debía alcanzar a la parte del ordenamiento jurídico relativo a las prestaciones patrimoniales estatales, autonómicas y locales susceptibles de ser establecidas y exigidas por la utilización privativa o el aprovechamiento especial del dominio público, y por la prestación de servicios públicos o la realización de actividades administrativas.

En medio del general aturdimiento, y con los escombros aún por recoger, fue necesario ir adoptando decisiones al respecto, la primera de las cuales quedó incorporada a la Ley Orgánica 3/1996, de 27 de diciembre, la cual *adaptó* el ordenamiento autonómico a la doctrina del Tribunal Constitucional, y ello mediante la oportuna modificación de la Ley Orgánica 8/1980, de 22 de septiembre, de Financiación de las Comunidades Autónomas. Mediante tal decisión, el problema suscitado se *resolvió* reconduciendo al ámbito de la tasa todos los elementos del concepto de precio público que según el Tribunal Constitucional entrañan coactividad y dan lugar a la exacción de prestaciones patrimoniales de carácter público.

Tras esa primera decisión, y con el sosiego que sólo da el transcurso del tiempo, y que no siempre implica mayor sabiduría, se comenzó a especular en torno a la solución del problema en el ámbito estatal y en el local, llegándose a la conclusión, equivocada o no, pero quizá la única realmente posible, de que el esquema no podía ser muy diferente al ya ensayado en el ámbito autonómico.

En definitiva, lo que comenzó como la adaptación de una aparentemente simple declaración de inconstitucionalidad, ha concluido con la modificación radical del régimen legal de las tasas y precios públicos, contenido en el artículo 26.1,a) de la Ley General Tributaria; en la Ley 8/1989, de 13 de abril, de Tasas y Precios Públicos; y en la Ley 39/1988, de 28 de diciembre, reguladora de las Haciendas Locales, modificación esta que ha llevado a cabo la Ley 25/1998, de 13 de julio, de modificación del régimen legal de las tasas estatales y locales y de reordenación de las prestaciones patrimoniales de carácter público.

En particular, la modificación del régimen legal de las tasas y precios públicos locales, contenido en la antes citada Ley 39/1988, tiene como consecuencia inmediata la obligación a cargo de las Entidades locales de proceder a la reordenación de todo su sistema de tasas y precios públicos, labor esta que debe haber concluido antes del 1 de enero de 1999.

Por otra parte, la reforma de referencia pone a los contribuyentes, esto es, a los usuarios del dominio público local y a los beneficiarios de los servicios públicos y actividades administrativas locales, ante un nuevo panorama legal de las tasas y precios públicos que han de satisfacer.

Así, ambas situaciones justifican una obra como ésta, cuyo motivo inmediato ha de buscarse en la ayuda que puede prestar a los profesionales de la Administración Local a realizar la labor que tienen por delante; y cuyo motivo más mediato es el de ser de utilidad a toda persona, profesional o no, que necesite conocer con cierta rapidez las novedades que resultan de la reforma legislativa que se considera.

En función de ello, la presente obra tiene por finalidad, pues, poner de manifiesto el alcance de la reforma llevada a cabo por la Ley 25/1998, exponiendo su sentido y antecedentes; el contexto en el que tiene su origen; y el contenido de la misma, aportando una recopilación actualizada de toda la normativa aplicable.

No se trata, en consecuencia, de aportar un estudio exhaustivo e integral del régimen legal de las tasas y precios públicos locales, sino de poner al alcance del usuario de la obra, de la forma más sencilla posible, qué novedades ha introducido en ese régimen legal la Ley 25/1998, y a qué se debe cada una de ellas. Además, y en orden a la consecución de esa finalidad, el resultado final de la obra aparece fuertemente condicionado por la celeridad que se ha tenido que imprimir al proceso de su edición y distribución, celeridad esta claramente incompatible con la formulación de planteamientos excesivamente profundos y ajenos, en todo caso, a las pretensiones del autor y de la editorial.

José Ignacio Rubio de Urquía

Abreviaturas

CE: Constitución Española de 27 de diciembre de 1978.

Ley 25/1998: Ley 25/1998, de 13 de julio, de modificación del régimen legal de las tasas estatales y locales y de reordenación de las prestaciones patrimoniales de carácter público.

Ley Orgánica 1/1989: Ley Orgánica 1/1989, de 13 de abril, por la que se da nueva redacción a los artículos 4.º.1 y 7.º.1 y 2, de la Ley Orgánica 8/1980, de 22 de septiembre, de Financiación de las Comunidades Autónomas.

Ley Orgánica 3/1996: Ley Orgánica 3/1996, de 27 de diciembre, de modificación parcial de la Ley Orgánica 8/1980, de 22 de septiembre, de Financiación de las Comunidades Autónomas.

LGT: Ley 230/1963, de 28 de diciembre, General Tributaria.

LOFCA: Ley Orgánica 8/1980, de 22 de septiembre, de Financiación de las Comunidades Autónomas.

LRHL: Ley 39/1988, de 28 de diciembre, reguladora de las Haciendas Locales.

LTPP: Ley 8/1989, de 13 de abril, de Tasas y Precios Públicos.

STC: Sentencia del Tribunal Constitucional.

STC 185/1995: Sentencia del Tribunal Constitucional 185/1995, de 14 de diciembre.

TC: Tribunal Constitucional.

TRRL: Real Decreto Legislativo 781/1986, de 18 de abril, por el que se aprueba el Texto Refundido de las disposiciones legales vigentes en materia de Régimen Local.

I

INTRODUCCIÓN

I. INTRODUCCIÓN

Con sujeción a los términos expuestos en la PRESENTACIÓN de esta obra, la misma se sitúa ante una reforma del régimen legal de las tasas y precios públicos locales contenido en la LRHL, reforma que lleva a cabo el Título II de la Ley 25/1998 y que implica la modificación directa y expresa de muchos de los preceptos que integran ese régimen legal.

En casi cualquier otro supuesto, una obra como la presente cumpliría su función más que suficientemente limitándose a exponer las novedades introducidas por la reforma mediante la comparación de la nueva redacción dada a los preceptos modificados con la que éstos tenían anteriormente.

Sin embargo, en el presente caso tal metodología resulta claramente insuficiente, incluso para una obra de las características de ésta, pues la mera comparación de textos, nuevos y antiguos, no sólo no permite conocer ni siquiera de forma superficial el alcance de la reforma, sino que puede, incluso, coadyuvar a profundizar en la incomprensión y en el confusionismo.

En efecto, es tan evidente que la reforma que se contempla supone en gran medida una vuelta conceptual al pasado, y que tal realidad se fragua en un contexto determinado, que si no se conocen, aun esquemáticamente, los antecedentes legislativos más o menos inmediatos del régimen legal ahora reformado, así como los elementos que conforman el contexto en el que se fragua el sentido de la reforma, difícilmente podrá apreciarse mínimamente el auténtico alcance de las modificaciones normativas en que se concreta la ya tantas veces mencionada reforma del régimen legal de las tasas y precios públicos locales.

Es por ello por lo que antes de abordar la exposición y análisis de las *novedades* normativas que trae consigo esa reforma, resulta imprescindible realizar sendas breves referencias a las dos cuestiones siguientes:

a) Es preciso, en primer lugar, conocer los antecedentes más o menos inmediatos del régimen legal de las tasas y precios públicos locales, a fin de poder comprobar que la reforma representa un camino de vuelta o un deshacer el camino andado.

b) A continuación será preciso identificar los elementos que conducen a la reforma y condicionan el alcance de ésta, es decir los elementos que conforman el contexto en el que aquélla se forja, y que permite entender por qué es posible hablar de un camino de vuelta o de deshacer el camino andado.

Una vez resueltas, con la fortuna que sea, las dos cuestiones planteadas, se estará en condiciones, al menos teóricamente, de intentar comprender el contenido de la reforma y su alcance, y poder cumplir con ello el objetivo principal de esta obra.

II

ANTECEDENTES

Sumario

II. ANTECEDENTES

1. Planteamiento

Según se tendrá ocasión de comprobar a medida que se vaya desarrollando la presente obra, la reforma que lleva a cabo la Ley 25/1998 en general, y su Título II en particular, no puede considerarse en realidad un paso más en la evolución legislativa de la materia constituida por el régimen legal de las tasas y precios públicos en general, y de las tasas y precios públicos locales en particular, sino como una auténtica quiebra de ese proceso evolutivo, lo cual en sí mismo no significa algo ni positivo ni negativo, sino la constatación de un hecho casi absolutamente objetivo, cierto y difícilmente discutible.

En orden al establecimiento de tal constatación, y poder acceder con ello a un mejor nivel de comprensión del auténtico alcance de la reforma, resulta necesario exponer, aun de forma sintética, los antecedentes legislativos del régimen legal reformado, sin que para ello sea preciso, sin embargo, remontarse muy atrás en el tiempo. En realidad basta con referir aquí la esencia del régimen resultante de la promulgación de la LGT a finales de 1963, y la esencia de la reforma llevada a cabo a finales de 1988 y principios de 1989.

La primera de las actuaciones reseñadas dotó de estabilidad conceptual a la ordenación de la categoría tributaria constituida por las tasas, mientras que la segunda de ellas alteró esa estabilidad al crear a costa de las tasas una nueva categoría financiera constituida por los precios públicos.

El conocimiento de ambas realidades jurídico-positivas permitirá comprobar más adelante cómo la reforma llevada a cabo ahora por Ley 25/1998 supone en gran medida una vuelta al refugio de la estabilidad conceptual que durante muchos años representó la construcción aportada por la LGT, a la vez que una renuncia a las *modernas* construcciones aportadas por la reforma de 1988-89.

2. La LGT: el dominio de la tasa

En general, la promulgación de la LGT a finales de 1963 dotó de gran estabilidad conceptual a la ordenación de los tributos, delimitando las distintas clases o categorías de éstos, y estableciendo la definición legal de cada una de ellas (art. 26 LGT).

En particular, tal efecto estabilizador de la LGT tuvo especial trascendencia y eficacia en el ámbito de las prestaciones patrimoniales exigidas por los Entes públicos a cambio de la utilización del dominio público o de la prestación de determinados servicios públicos o de la realización de determinadas actividades administrativas.

Así, en efecto, muchas de esas prestaciones patrimoniales quedaron formalizadas en torno al concepto de tasa, a cuyo fin la letra a) del artículo 26.1 LGT estableció la oportuna definición legal (Véase la Nota al art. 26 LGT: V. ANEXO NORMATIVO 2). En función de ello la LGT concretó las tasas como aquellos tributos cuyo hecho imponible consistía en:

— La utilización del dominio público.

— La prestación de un servicio público o la realización por la Administración de una actividad que se refiera, afecte o beneficie de modo particular al sujeto pasivo.

Esta formalización de determinadas prestaciones patrimoniales en torno a la categoría tributaria constituida por la tasa no quedó circunscrita al ámbito del sistema tributario estatal, entendido éste en su sentido más estricto, sino que también se extendió al ámbito de los restantes sistemas tributarios, esto es, el local y el autonómico.

En cuanto al sistema tributario local se refiere, y por lo que hace a la norma vigente inmediatamente antes de la promulgación de la LRHL, la idea estructuradora del concepto de tasa plasmado en la definición contenida en el artículo 26.1.a) LGT está claramente presente en las distintas definiciones que de tasas locales (municipales, provinciales) cabe advertir a lo largo del TRRL. Así, y a título de simple ejemplo, el artículo 199 del citado TRRL disponía los supuestos en los que los Ayuntamientos podían establecer tasas, y al hacerlo se apegaba claramente a la definición contenida en el artículo 26.1,a) LGT, pues tales tasas municipales podían establecerse:

— Por la utilización privativa o el aprovechamiento especial de los bienes de uso público municipal.

— Por la prestación de servicios o la realización de actividades administrativas de competencia municipal.

De igual modo, al establecerse el régimen general del sistema de financiación de las Comunidades Autónomas, el artículo 7 LOFCA incorporó al sistema tributario autonómico el concepto de tasa resultante de la LGT (Véase la Nota al art. 7 LOFCA: V. ANEXO NORMATIVO 4). En función de ello dicho precepto facultó a las Comunidades Autónomas para establecer tasas en los mismos casos y términos que en los dos supuestos anteriores, esto es, por la utilización del dominio público autonómico o por la prestación de servicios públicos o la realización de actividades administrativas por las Comunidades Autónomas.

Así, y durante muchos años, todas las prestaciones patrimoniales, integrantes del sistema tributario estatal, autonómico y local, cuyo presupuesto material o de hecho estaba constituido por la utilización del dominio público, la prestación de servicios públicos o la realización de actividades administrativas, quedaron encuadradas en la categoría tributaria constituida por las tasas.

No es menos cierto, sin embargo, que con esa ordenación conceptual de las prestaciones patrimoniales de referencia no quedó definitivamente resuelta, desde esa perspectiva conceptual, toda esa situación de exacciones de muy diversa naturaleza que, bajo una u otra denominación, los Entes públicos exigían por el suministro de determinados bienes, la prestación de determinados servicios o la realización de determinadas actividades, bien porque conceptualmente dichas exacciones no se identificaban con la tasa, bien porque la forma de prestación del bien o servicio o de realización de la actividad hacía inviable el sometimiento de la exacción correspondiente a la disciplina de la tasa, bien porque los usos y costumbres propios del caso conducían a la exacción por caminos muy distintos de los señalados para la tasa.

Sea como fuere y por la razón que fuere, lo cierto es que los Entes públicos, directa o indirectamente, imponían y exigían exacciones totalmente al margen del ámbito material y formal de la tasa, y que dichas exacciones coexistieron con las tasas en convivencia relativamente pacífica durante todos los años que pervivió el régimen de estabilidad conceptual aportado por la LGT.

Ese *modus vivendi* tácitamente establecido entre tasas, por un lado, y exacciones diversas, por otro, aunque fue común a los tres niveles de actividad financiera, estatal, autonómica y local, tuvo especial intensidad en este último, pues es sin duda el ámbito de la Administración local donde con más claridad se producen las condiciones objetivas que hacen posible ese curioso sistema de coexistencia de las tasas con otras exacciones que, aun debiendo, quizá, adoptar la forma de tasa, se estructuran en torno a otro concepto no normalizado y funcionan un poco a su aire.

Es, ciertamente, el mundo local el que permite observar como en un Municipio el suministro de agua se financia a través de una tasa, mientras que en otro ese mismo suministro se financia a través de un precio privado. También es el mundo local el que permite observar cómo en un Municipio la tasa por recogida de basuras la establece, gestiona y recauda el propio Ayuntamiento, mientras que en otro esa misma tasa la fija y cobra la empresa privada concesionaria del servicio. En fin, es el mundo local el que sirve de escaparate a fenómenos tan curiosos como el del servicio municipal de transporte colectivo urbano, servicio éste por cuya prestación se cobra un precio sin que a nadie se le ocurra discutir la naturaleza de tal exacción ni la forma en que la misma se aplica, esto es se cobra, obviamente al margen de todo cauce legal propio de las exacciones tributarias.

Pues bien, lo cierto es que a pesar de todo ello ambas situaciones, la de estabilidad conceptual derivada de la LGT y la de *anarquía aparente* ordenada por el sentido común y la realidad de las cosas, fueron capaces de convivir pacíficamente desde 1963 hasta la reforma de 1988, momento este último en el que el panorama empieza a cambiar muy sustancialmente a raíz de la promulgación de la LRHL.

3. La LRHL: de la tasa al precio público

La relativamente pacífica convivencia entre tasas y otras exacciones de naturaleza material más o menos análoga, no fue suficiente para moderar el ímpetu ordenancista de quienes creen firmemente en el absolutismo legislativo, o de quienes no ven inconveniente alguno en incorporar a la norma jurídica cuantas construcciones hacendísticas se les ocurren en cada momento.

De hecho, ese tipo de actitudes dieron lugar a comienzos de la década de los ochenta a la realización de múltiples estudios, incluso a la elaboración de algún *Borrador de Proyecto de Ley*, a través de los cuales se pretendía disciplinar el complejo mundo de las prestaciones *extra-tributarias*, intentando dar forma jurídico-positiva a conceptos como los de *tarifa, precio privado, precio público, canon*, etc. Sin embargo, y por fortuna, esos estudios y proyectos nunca llegaron a concretarse en nada positivo.

A pesar de ello, durante la última fase del proceso de elaboración de la actual LRHL algunas instancias pusieron de manifiesto la necesidad de introducir algún elemento de flexibilidad en la configuración del régimen legal de las tasas, a fin de que éstas pudieran quedar sometidas a un régimen de establecimiento y exacción menos rígido, y que su cuantía pudiera quedar relativizada respecto de la efectividad del principio de equivalencia.

En orden a la satisfacción de esas inquietudes se desempolvaron los estudios y proyectos antes mencionados, y se tomó una parte de los mismos para llevar a cabo la labor de flexibilización del régimen de las tasas, parte ésta de la que resultaba la construcción jurídica de una nueva categoría financiera constituida por los precios públicos.

De esta forma la LRHL en primer lugar, y la LTPP después, incorporaron al ordenamiento jurídico-positivo la categoría del precio público y la dotaron de un régimen legal propio y específico. Ahora bien, y respondiendo a la motivación inmediata de esta actuación antes expuesta, la creación de la nueva categoría financiera, esto es, la creación de los precios públicos, se llevó a cabo sobre la base de la reordenación conceptual de la tasa, reordenación esta que supuso, en realidad, el fin de la estabilidad conceptual que la LGT había introducido en la ordenación de la categoría tributaria de referencia.

El primer paso legislativo en la dirección indicada lo dio, precisamente, la LRHL, cuyo artículo 20 recogió el nuevo concepto de tasa, y cuyo artículo 41 configuró la nueva categoría financiera constituida por los precios públicos (véanse las Notas a los arts. 20 y 41 LRHL: V. ANEXO NORMATIVO 1).

A continuación la disposición adicional primera de la LTPP modificó la letra a) del artículo 26.1 LGT estableciendo la nueva definición general de la categoría tributaria constituida por la tasa, labor esta que el precepto citado llevó a cabo en términos esencialmente análogos a los previamente establecidos por el mismo legislador en el artículo 20 LRHL (véase disp. ad. 1ª LTPP: V. ANEXO NORMATIVO 3. Véase también art. 26 LGT: V. ANEXO NORMATIVO 2).

La misma LTPP incorporó a su artículo 6 el concepto de tasa estatal, utilizando a tal fin igual definición esencial que la plasmada en el artículo 26.1,a) LGT y en el artículo 20 LRHL (véase la Nota al art. 6 LTPP: V. ANEXO NORMATIVO 3). Idéntica operación realizó la citada LTPP respecto del concepto de precio público estatal, el cual quedó incorporado al artículo 24 del mencionado texto legal en los mismos términos esenciales que los empleados por el artículo 41 LRHL para definir los precios públicos locales (véase la Nota al art. 24 LTPP: V. ANEXO NORMATIVO 3).

Por último, la Ley Orgánica 1/1989 introdujo el mismo esquema en el ámbito del sistema tributario autonómico, quedando así reflejado el nuevo concepto en la definición de tasa autonómica, a cuyo fin la citada Ley Orgánica modificó los apartados 1 y 2 del artículo 7 LOFCA (véase la Nota al art. 7 LOFCA: V. ANEXO NORMATIVO 4).

En relación específica al ámbito local, que es el que aquí interesa, la reordenación del concepto de tasa y la irrupción en el panorama financiero de la figura del precio público supuso, en definitiva y ni más ni menos, un trasvase de gran número de presupuestos materiales del *dominio* de la categoría tributaria de referencia al del nuevo recurso financiero.

Para comprobar lo anterior basta con comparar la redacción original de los artículos 20 y 41 LRHL con los preceptos que en el régimen inmediatamente anterior definían las tasas locales (art. 199 TRRL, por ejemplo). Así, en efecto, tal comparación permite advertir lo siguiente:

1°. Hasta la promulgación de la LRHL todo supuesto de utilización privativa o aprovechamiento especial del dominio público local integraba el ámbito material de la tasa. A partir de dicha promulgación todo supuesto de esa naturaleza pasó a integrar el ámbito material del precio público (véanse las Notas a los arts. 20 y 41 LRHL: V. ANEXO NORMATIVO 1).

2°. Hasta la promulgación de la LRHL todos los supuestos de prestación de servicios públicos y de realización de actividades administrativas de competencia local integraban el ámbito material de la tasa. A partir de dicha promulgación pasaron a integrar el ámbito material de los precios públicos tales prestaciones de servicios y actividades cuando no fuesen de recepción o solicitud obligatoria, y fuesen susceptibles de ser prestados o realizadas por el sector privado (véase la Nota al art. 41 LRHL: V. ANEXO NORMATIVO 1). A *sensu contrario*, sólo permanecieron en el ámbito material de la tasa los servicios y las actividades de solicitud o recepción obligatoria, así como aquellos otros no susceptibles de ser prestados o realizadas por el sector privado (véase la Nota al art. 20 LRHL: V. ANEXO NORMATIVO 1).

De esta forma, la LRHL partió de la idea de que en los supuestos de utilización privativa o aprovechamiento especial del dominio público concurría siempre un elemento de voluntariedad, y que en ningún caso el demandante de tal dominio estaba obligado a solicitarlo. De igual modo la reforma de referencia partió de la idea de que en el ámbito de las prestaciones de servicios y la realización de actividades sólo concurren elementos de obligatoriedad formal pero nunca material: esto es, existe obligatoriedad cuando la prestación del servicio o la realización de la actividad administrativa viene impuesta por norma legal o reglamentaria, cuando tal prestación o realización implica ejercicio de la autoridad o cuando no cabe formalmente la concurrencia con el sector privado.

En todo caso, lo cierto es que la reforma introducida por la LRHL sitúa a la tasa en una posición indiscutiblemente marginal o residual respecto del precio público, a la vez que convierte a éste en el gran protagonista de la nueva etapa que entonces se inicia. Con ello:

1°. Muchos de los presupuestos de hecho constitutivos hasta ese momento del hecho imponible de la correspondiente tasa pasan a integrar el ámbito material de precio público equivalente.

2°. Con ese trasvase las Entidades locales consiguieron dotar de mayor potencia recaudatoria a las nuevas figuras, pues los precios públicos no estaban informados por el principio de equivalencia, a la vez que eludieron muchas de las *trabas* que la Ley coloca en el proceso de establecimiento y exacción de los tributos (tasas).

3º. Como efecto secundario, el régimen legal de los precios públicos fue utilizado en algunos casos para dar cobertura a la hasta entonces *anómala* exacción de algunas prestaciones patrimoniales cuya naturaleza material les empujaba, entonces y antes, al ámbito de la tasa más que al de cualquier otra prestación.

Nada más iniciar su andadura, tanto los precios públicos locales (LRHL) como los estatales (LTPP) fueron inmediatamente cuestionados ante el TC, el cual ha realizado su primer pronunciamiento al respecto el 14 de diciembre de 1995 a través de la STC 185/1995, pronunciamiento éste que conforma el contexto en el que ha de insertarse la reforma objeto de la presente obra.

III

EL CONTEXTO DE LA REFORMA: LA STC 185/1995, DE 14 DE DICIEMBRE

Sumario

III. EL CONTEXTO DE LA REFORMA: LA STC 185/1995, DE 14 DE DICIEMBRE

1. Planteamiento

Si bien es cierto que la reforma llevada a cabo por la LRHL, la LTPP y la Ley Orgánica 1/1989 pronto fue más o menos asumida por los Entes públicos y por los ciudadanos, al menos en cuanto a su aplicación práctica se refiere, no es menos cierto que la misma, además de suponer una quiebra en la estabilidad conceptual de la ordenación referida en páginas anteriores, adolecía de importantes debilidades estructurales susceptibles de ser invocadas en cualquier momento.

En esencia, esas debilidades estructurales tenían, casi todas ellas, su origen en los criterios absolutamente artificiosos y formalistas que habían inspirado la configuración del precio público y la distribución de *materia imponible* entre éste y la tasa. Tales criterios hacían en muchos casos que la diferencia entre tasa y precio público fuese exclusivamente de denominación, sin fundamento material, sustancial, alguno.

Esa circunstancia, muy real y difícilmente discutible, colocó a la reforma en general, y a los precios públicos en particular, en una situación de alto riesgo claramente incompatible con una vida prolongada. En realidad, la mecha portadora de la chispa que haría estallar el nuevo régimen de las tasas y precios públicos quedó encendida casi enseguida, y ello mediante la interposición de dos recursos de inconstitucionalidad, uno contra la LRHL y otro contra la LTPP.

De momento, es el segundo de los recursos reseñados el que ha sido resuelto por el TC en su Sentencia 185/1995, de 14 de diciembre, y es esta Sentencia la que contiene el pronunciamiento que sirve de contexto a la reforma llevada a cabo ahora por la Ley 25/1998.

2. La STC 185/1995, de 14 de diciembre

2.1. El texto de la Sentencia

A pesar de que la LRHL es anterior en el tiempo a la LTPP, y de que el recurso de inconstitucionalidad interpuesto contra ella es también de fecha anterior al interpuesto contra la citada LTPP, lo cierto es que el TC ha resuelto primeramente este último, encontrándose aún pendiente de resolución el interpuesto contra la LRHL.

Sea como fuere, se está ante una STC (185/1995) que recae sobre un recurso de inconstitucionalidad interpuesto contra varios preceptos de la LTPP. Aunque fueron diversos los motivos de impugnación alegados por el recurrente, interesa aquí el que se fundamentó en una presunta violación del principio de reserva de ley consagrado en el artículo 31.3 CE.

En efecto, según el recurrente el régimen legal de los precios públicos establecido por la LTPP vulneraba el referido principio de reserva de ley. En relación específica a este extremo el TC ha realizado el siguiente pronunciamiento en su Sentencia 185/1995:

FUNDAMENTOS JURÍDICOS

1. La Ley 8/1989, de 13 de abril, de Tasas y Precios Públicos (LTPP), siguiendo la senda trazada por la Ley 39/1988, de 28 de diciembre, reguladora de las Haciendas Locales, introduce en el ordenamiento financiero estatal un nuevo «recurso de Derecho Público» [art. 1.b)], que califica como precio público y define, en su artículo 24 como contraprestación pecuniaria que se satisface por: a) la utilización privativa o el aprovechamiento especial del dominio público; b) las prestaciones de servicios y las entregas de bienes accesorias a las mismas efectuadas por los servicios públicos postales; y c) la prestación de servicios o realización de actividades efectuadas en régimen de Derecho público cuando los servicios o las actividades no sean de solicitud o recepción obligatoria por los administrados o sean susceptibles de ser prestados o realizados por el sector privado, por no implicar intervención en la actuación de los particulares o cualquier otra manifestación de autoridad, o bien por no tratarse de servicios en los que esté declarada la reserva a favor del sector público. En el párrafo segundo de este mismo artículo 24 se precisa que, a los efectos de la letra c) del número anterior, no se considerará voluntaria la solicitud por parte de los administrados: a) cuando les venga impuesta por disposiciones legales o reglamentarias; b) cuando constituya condición previa para realizar cualquier actividad u obtener derechos o efectos jurídicos determinados.

Esta nueva figura legal de ingreso público nace, a partir de la aplicación de un nuevo criterio de clasificación de las categorías tributarias precedentes, de la división de la anterior figura de la tasa, de la que asume parte de lo que había sido su contenido tradicional.

Entre las notas características del régimen jurídico de los precios públicos debe destacarse, en primer lugar, que, salvo en lo relativo al «establecimiento de (tasas y) precios públicos por prestación de los servicios públicos de justicia, educación, sanidad, protección civil o asistencia social (que) sólo podrá efectuarse en los términos previstos en la ley o leyes reguladoras de los servicios de que se trate» (art. 5), en los demás supuestos la Ley de Tasas y Precios Públicos se limita a prever que el Ministerio de Economía y Hacienda podrá proponer al Gobierno o al Ministerio del ramo el establecimiento de ingresos de Derecho público regulados en la presente Ley, por parte de aquellos Órganos de la Administración del Estado, Organismos o Entes que no los apliquen, así como su actualización cuando proceda (art. 3.4). Igualmente establece que la fijación y modificación de la cuantía de los precios públicos se realizará por Orden del Departamento Ministerial o directamente por los Organismos Autónomos (art. 26.1); las únicas pautas que impone la Ley de Tasas y Precios Públicos consisten en exigir que cubran, como mínimo, los costes económicos del servicio o actividad de la que traen causa, en tanto que en el caso de la utilización privativa o aprovechamiento especial del dominio público dicha cuantía se fijará tomando como referencia el valor del mercado o el de la utilidad derivada de aquéllos, salvo que por razones sociales, benéficas, culturales o de interés público puedan señalarse cuantías inferiores al coste del servicio (art. 25).

El régimen jurídico de este nuevo recurso financiero se completa con la regulación de algunos aspectos relativos a su «administración y cobro», entre lo que destaca la precisión contenida en el artículo 27.6, a tenor de la cual las deudas por precios públicos podrán exigirse mediante el procedimiento administrativo de apremio.

Finalmente, según proclama la Exposición de Motivos, con la creación de la figura del precio público se pretende introducir un tipo de ingreso público en el que la relación del Ente público y el particular es «contractual y voluntaria para quien lo paga», a diferencia de lo que sucede con la tasa en la que «aparece la nota de coactividad propia del tributo y, consecuentemente, las exigencias propias del principio constitucional de legalidad para su creación y aplicación».

2. Los recurrentes impugnan los artículos 1, 3.4, 24, 25, 26, 27, ya mencionados, y las Disposiciones Adicionales Segunda –que prevé la posibilidad de establecer exacciones reguladoras de precios públicos mediante Real Decreto– y Quinta –que transforma las tasas y demás derechos académicos en precios públicos–. Alegan que estos preceptos infringen los principios de legalidad, publicidad, jerarquía normativa, seguridad jurídica e interdicción de la arbitrariedad consagrados en el artículo 9.3 CE y, muy especialmente, el principio de reserva de ley en materia tributaria establecido en el artículo 31.3 CE respecto de las «prestaciones patrimoniales de carácter público». En rigor, esta última denuncia, referida concretamente a los artículos 1.b), 3.4, 26.1 y Disposición Adicional Segunda, constituye el núcleo fundamental de la demanda y del escrito de contestación a la misma y en ella debemos centrar en primer lugar nuestra atención.

Para dar respuesta a este alegato es preciso dilucidar de forma sucesiva dos cuestiones íntimamente relacionadas, a saber: si los precios públicos, tal y como aparecen regulados en la Ley de Tasas y Precios Públicos, tienen o no la condición de prestaciones patrimoniales de carácter público y, en consecuencia, deben someterse a la reserva de ley del artículo 31.3 CE y, en segundo lugar, en el supuesto y en la medida en que así sea, si los artículos recurridos resultan acordes con las exigencias de dicha reserva.

3. El artículo 31.3 CE, apartándose de lo que era tradicional en nuestros textos constitucionales y legales –en los que el objeto de la reserva de ley se establecía por referencia a categorías tributarias concretas–, no recurre explícitamente a ninguna de las figuras jurídicas existentes en el momento de la elaboración y aprobación de la Constitución, ni tampoco utiliza el concepto genérico de tributo, sino la expresión más amplía y abierta de «prestación patrimonial de carácter público». Es cierto que la Constitución se refiere en varios preceptos a los «tributos» y proclama que su establecimiento debe hacerse mediante ley (art. 133.1 CE); sin embargo no lo es menos que, desde la perspectiva constitucional, como tendremos ocasión de reiterar, el legislador puede alterar el alcance de las figuras que hoy integran esta categoría –impuestos, tasas y contribuciones especiales–, y puede crear nuevos ingresos de Derecho público. Por otra parte, la aplicación de un criterio de interpretación sistemático tendente a evitar la redundancia del constituyente, lleva necesariamente a no considerar como sinónimas la expresión «tributos» del artículo 133.1 CE y la más genérica de «prestaciones patrimoniales de carácter público» del artículo 31.3 CE.

Esta constatación condiciona la forma en la que, desde la perspectiva constitucional propia de este proceso, debe abordarse la tarea de precisar el alcance de ese concepto de prestación patrimonial de carácter público que constituye el objeto de la reserva de ley tributaria. En efecto, cegada la posibilidad de recurrir para este menester al contenido de las categorías tributarias preexistentes, se impone la necesidad de construir ese concepto a partir de la función que dicha reserva desempeña en el ordenamiento constitucional.

Como hemos declarado en múltiples resoluciones, el principio de legalidad en materia tributaria responde en su esencia a la vieja idea, cuyo origen se remonta a la Edad Media, de garantizar que las prestaciones que los particulares satisfacen a los Entes públicos sean previamente consentidas por sus representantes; la reserva de ley se configura como una garantía de autoimposición de la comunidad sobre sí misma y en última instancia como una garantía de la libertad patrimonial y personal del ciudadano (STC 19/1987). En el Estado social y democrático de derecho la reserva cumple sin duda otras funciones, pero la finalidad última, con todos los matices que hoy exige el origen democrático del poder ejecutivo, continúa siendo la de asegurar que cuando un ente público impone coactivamente una prestación patrimonial a los ciudadanos cuente para ello con la voluntaria aceptación de sus representantes. Por ello mismo cuando la obligación que lleva aparejada el pago de la prestación es asumida libre y voluntariamente por el ciudadano, la intervención de sus representantes resulta innecesaria, puesto que la garantía de la autoimposición y, en definitiva, de su libertad patrimonial y personal queda plenamente satisfecha.

La imposición coactiva de la prestación patrimonial o, lo que es lo mismo, el establecimiento unilateral de la obligación de pago por parte del poder público sin el concurso de la voluntad del sujeto llamado a satisfacerla es, pues, en última instancia, el elemento determinante de la exigencia de reserva de ley; por ello, bien puede concluirse que la coactividad es la nota distintiva fundamental del concepto de prestación patrimonial de carácter público.

En lo que ahora importa, el problema de la determinación del alcance del concepto de prestación patrimonial de carácter público se centra, pues, en precisar cuándo puede considerarse que una prestación patrimonial resulta coactivamente impuesta. Con todo, a los efectos de la resolución del presente recurso de inconstitucionalidad, no es necesario intentar dar una respuesta con pretensiones omnicomprensivas a este interrogante. Basta, por el momento, con hacer referencia a los siguientes criterios:

a) Lo decisivo a la hora de dilucidar si una prestación patrimonial es coactivamente impuesta radica en averiguar si el supuesto de hecho que da lugar a la obligación ha sido o no realizado de forma libre y espontánea por el sujeto obligado y si en el origen de la constitución de la obligación ha concurrido también su libre voluntad al solicitar el bien de dominio público, el servicio o la actuación administrativa de cuya realización surge dicha obligación.

Estaremos en presencia de prestaciones coactivamente impuestas cuando la realización del supuesto de hecho resulta de una obligación impuesta al particular por el ente público –por ejemplo cuando surge de la prestación de servicios o actividades de solicitud o recepción obligatoria– y también cuando, siendo libre la realización del supuesto de hecho, éste no consiste en la demanda de un bien, un servicio o una actuación de los entes públicos, sino que la obligación de pagar la prestación nace sin que exista actividad voluntaria del contribuyente dirigida al ente público, encaminada por ello mismo, siquiera sea mediatamente, a producir el nacimiento de la obligación.

En estas circunstancias, el hecho de que los entes públicos tengan una posición determinante en la configuración del contenido o las condiciones de la obligación e incluso el hecho de que esos entes se reserven determinadas potestades exorbitantes en caso de incumplimiento de la obligación –como son ciertas facultades derivadas de la ejecutoriedad y la autotutela–, tiene un relieve secundario en orden a determinar el grado de coactividad de las prestaciones pecuniarias, dado que ha sido el particular el que ha decidido libremente obligarse, sabiendo de antemano que los entes públicos de quienes ha requerido la actividad, los bienes o los servicios gozaban de esas prerrogativas. El sometimiento de la relación obligacional a un régimen jurídico de Derecho público no es suficiente por sí solo para considerar que la prestación patrimonial así regulada sea una prestación de carácter público en el sentido del artículo 31.3 CE.

b) Con todo, debe precisarse que la libertad o la espontaneidad exigida en la realización del hecho imponible y en la decisión de obligarse debe ser real y efectiva. Esto significa que deberán considerarse coactivamente impuestas no sólo aquellas prestaciones en las que la realización del supuesto de hecho o la constitución de la obligación es obligatoria, sino también aquéllas en las que el bien, la actividad o el servicio requerido es objetivamente indispensable para poder satisfacer las necesidades básicas de la vida personal o social de los particulares de acuerdo con las circunstancias sociales de cada momento y lugar o, dicho, con otras palabras, cuando la renuncia a estos bienes, servicios o actividades priva al particular de aspectos esenciales de su vida privada o social. La dilucidación de cuándo concurren estas circunstancias deberá atender a las características de cada caso concreto sin que sea procedente añadir ahora mayores precisiones. Aquí debemos limitarnos a comprobar si los criterios utilizados por el artículo 24 LTPP para definir los precios públicos se refieren a prestaciones fruto de una opción realmente libre o se trata de una libertad meramente teórica y en consecuencia estamos en presencia de prestaciones patrimoniales de carácter público sometidas a la reserva de ley. Antes, sin embargo, debemos hacer todavía una tercera precisión.

c) También deben considerarse coactivamente impuestas las prestaciones pecuniarias que derivan de la utilización de bienes, servicios o actividades prestadas o realizadas por los entes públicos en posición de monopolio de hecho o de derecho. Aunque el nivel de coactividad que deriva del monopolio público sea ciertamente menor que el que resulta del carácter imprescindible de los bienes, servicios y actividades que generan la prestación, no por ello puede considerarse irrelevante ni subsumirse en este requisito, pues, aunque los servicios o las actividades no sean obligatorias, ni imprescindibles, lo cierto es que si sólo son los Entes públicos quienes los prestan, los particulares se ven obligados a optar entre no recibirlos o constituir necesariamente la obligación de pago de la prestación. La libertad de contratar o no contratar, la posibilidad de abstenerse de utilizar el bien, el servicio o la actividad no es a estos efectos una libertad real y efectiva.

4. Al aplicar los criterios que acabamos de enunciar al caso que nos ocupa lo primero que constatamos es que la Ley de Tasas y Precios Públicos configura los precios públicos como «contraprestaciones pecuniarias», es decir, como prestaciones de carácter retributivo que tienen su origen en una solicitud por parte de los particulares de la utilización de bienes, servicios o actividades de la Administración. Debemos, pues, indagar si los presupuestos de hecho de los que surgen las obligaciones son obligatorios y si la solicitud encaminada a constituirlas es libre no sólo formal sino también materialmente:

a) El primero de los supuestos que da lugar a la aplicación de esta nueva categoría jurídica es «la utilización privativa o el aprovechamiento especial del dominio público» [art. 24.1,a) LTPP].

Los bienes que componen el demanio son de titularidad de los Entes públicos territoriales y su utilización privativa o su aprovechamiento especial están supeditados a la obtención de una concesión o una autorización que corresponde otorgar exclusivamente a esos Entes. Existe, por tanto, una situación que puede considerarse de monopolio ya que si un particular quiere acceder a la utilización o al aprovechamiento citados para realizar cualquier actividad debe acudir forzosamente a los mismos. La única alternativa que le cabe al particular para eludir el pago del precio público es la abstención de la realización de la actividad anudada a la utilización o aprovechamiento del demanio, pero ya hemos dicho que la abstención del consumo no equivale a libre voluntariedad en la solicitud.

Esto significa que estamos en presencia de una prestación de carácter público en el sentido del artículo 31.3 CE, que, en cuanto tal, queda sometida a la reserva de ley. Por ello, si del análisis de los preceptos de la Ley de Tasas y Precios Públicos que se refieren a la creación y determinación de los elementos esenciales de los precios públicos se deduce que no respetan la reserva de ley, este párrafo a) del artículo 24.1 deberá ser declarado inconstitucional.

b) El segundo supuesto previsto en el artículo 24 LTPP es el constituido por «las prestaciones de servicios y las entregas de bienes accesorias a las mismas efectuadas por los servicios públicos postales» [art. 24.1,b)]. La gestión de los servicios públicos postales se atribuye en la actualidad al organismo autónomo creado por la Ley 31/1990, de 27 de diciembre, de Presupuestos Generales del Estado para 1991, con la denominación de Organismo Autónomo de «Correos y Telégrafos». Según el número 2 del primer párrafo del artículo 99 de esta Ley «son funciones del Organismo Autónomo 'Correos y Telégrafos': a) La gestión de los servicios básicos de Correos. b) La gestión y explotación de los restantes servicios de Correos y de los de Telecomunicación que actualmente desempeñan la Secretaría General de Comunicaciones, a través de la Subdirección General de Infraestructura de las Comunicaciones y la Dirección General de Correos y

Telégrafos. c) La prestación de servicios de giro por sí mismo o a través de la Caja Postal de Ahorros. d) La emisión conjuntamente con el Ministerio de Economía y Hacienda, de sellos y demás signos de franqueo. En materia de sellos para filatelia y demás productos filatélicos corresponderá su distribución a Correos y a cualquier otra Entidad de Derecho Público que se determine por el Gobierno. e) Otras actividades relacionadas con las comunicaciones. Seguirán gestionándose por 'Correos y Telégrafos' los servicios oficiales de telecomunicación previstos en el artículo 11 de la Ley de Ordenación de las Telecomunicaciones». Y en el número 3 de este mismo párrafo se añade que «a los efectos de lo previsto en la letra a) del apartado anterior, se considera que son servicios básicos postales la admisión, clasificación, curso, transporte y distribución de cartas y tarjetas postales en todas sus modalidades, así como los servicios de telegramas, télex y giro postal y telegráfico. No tendrán la consideración de servicios básicos los restantes servicios, por lo que podrán ser gestionados además por otras Entidades Públicas o Privadas, previa autorización administrativa».

La práctica totalidad de los servicios públicos postales deben calificarse hoy en España como servicios irrenunciables o imprescindibles que además, en muchos casos, continúan siendo prestados por el Estado en posición de monopolio. Por ello debe concluirse que las contraprestaciones pecuniarias derivadas de esos servicios son verdaderas prestaciones patrimoniales de carácter público sometidas al principio de legalidad.

En consecuencia, también en este caso, dada la generalidad con que está redactada esta letra b) del artículo 24.1, si del análisis del resto del articulado de la Ley de Tasas y Precios Públicos se deduce que en la configuración de esta última figura no se ha respetado la reserva de ley, deberá declararse la inconstitucionalidad de este precepto.

c) El tercero y último supuesto de precios públicos es el que surge de la prestación de servicios o la realización de actividades en régimen de Derecho público cuando concurre alguna de las dos circunstancias siguientes: que la solicitud de los mismos no sea obligatoria –entendiendo por tal que no venga impuesta por disposiciones legales y no constituya condición previa «para realizar cualquier actividad u obtener derechos o efectos jurídicos determinados»– o sean servicios o actividades susceptibles de ser prestados o realizados por el sector privado.

Pues bien, a tenor de los criterios sentados en el fundamento jurídico 3.º para definir las prestaciones patrimoniales de carácter público, este tercer supuesto de precios públicos tan sólo escapará a esta calificación y a la consiguiente sumisión al principio de legalidad si se dan las tres condiciones siguientes:

En primer lugar, si los dos requisitos, voluntariedad y no monopolio del sector público, se dan de forma cumulativa y no alternativa. En efecto, como hemos razonado en el fundamento jurídico citado, aunque la solicitud del servicio o actividad sea libre y espontánea, si los entes públicos los prestan o realizan en posición de monopolio debe considerarse que la libertad no es real.

En segundo lugar, para que la solicitud de la prestación pueda considerarse efectivamente libre deberá entenderse no sólo que no viene impuesta legalmente, sino que el servicio o la actividad solicitada no sea imprescindible.

Y, por último, el servicio o la actividad no debe ser realizado en posición de monopolio.

En el presente caso, el precepto analizado no cumple la primera de las condiciones, de modo que, de nuevo aquí, si la figura de los precios públicos no respeta el principio de reserva de ley deberán declararse inconstitucionales las palabras «alguna de» del artículo 24.1,c) que establecen la posibilidad de que se den por separado los dos requisitos exigidos.

En cuanto, a la definición de la voluntariedad, el precepto utiliza una locución tan sumamente genérica –«cuando constituya condición previa para realizar cualquier actividad»–, que si bien resulta difícil hallarle un sentido preciso –operación que, por otra parte, escapa a nuestra competencia–, lo que sí es seguro es que en su seno admite la inclusión de aquellas actividades que pueden considerarse imprescindibles para los contribuyentes, es decir, pueden incluirse no sólo las solicitudes formal o jurídicamente obligatorias sino también las que pueden serlo desde el punto de vista real y efectivo en el sentido antes mencionado.

Por ello, en la medida en que puede entenderse que los servicios y las actividades solicitadas no son de las consideradas esenciales o imprescindibles, deberá entenderse que desde esta perspectiva la prestación pecuniaria no queda sometida al principio de legalidad.

En cuanto a la tercera de las condiciones el precepto excluye únicamente a los monopolios de derecho y prescinde de si en la práctica el sector privado presta efectivamente los mismos servicios o actividades. Por ello, dado que salvo que se produzca una efectiva situación de concurrencia del sector público y el privado en la prestación de los servicios, los precios serán prestaciones patrimoniales de carácter público y, por tanto, si no respetan el principio de legalidad deberán considerarse inconstitucionales las palabras «susceptibles de ser» y las frases «por no implicar intervención en la actuación de los particulares o cualquier otra manifestación de autoridad, o bien por no tratarse de servicios en los que esté declarada la reserva a favor del sector público conforme a la normativa vigente» del segundo párrafo del artículo 24.1,c).

5. Establecido que dentro de la categoría de precios públicos definida en el artículo 24 LTPP existen verdaderas prestaciones patrimoniales de carácter público cuya constitucionalidad depende del respeto al principio de legalidad, debemos analizar si la regulación contenida en la referida Ley resulta acorde con las exigencias derivadas de este principio.

Este Tribunal ha dicho ya que la reserva de ley en materia tributaria exige que «la creación 'ex novo' de un tributo y la determinación de los elementos esenciales o configuradores del mismo» debe llevarse a cabo mediante una ley (SSTC 37/1981, 6/1983, 179/1985, 19/1987). También hemos advertido que se trata de una reserva relativa en la que, aunque los criterios o principios que han de regir la materia deben contenerse en una ley, resulta admisible la colaboración del reglamento, siempre que «sea indispensable por motivos técnicos o para optimizar el cumplimiento de las finalidades propuestas por la Constitución o por la propia Ley» y siempre que la colaboración se produzca «en términos de subordinación, desarrollo y complementariedad» (entre otras, SSTC 37/1981, 6/1983, 79/1985, 60/1986, 19/1987, 99/1987). El alcance de la colaboración estará en función de la diversa naturaleza de las figuras jurídico-tributarias y de los distintos elementos de las mismas (SSTC 37/1981 y 19/1987).

En el supuesto de las contraprestaciones fruto de la utilización de un bien de dominio público o de la prestación de un servicio o actividad administrativa, esta colaboración puede ser especialmente intensa en la fijación y modificación de las cuantías –estrechamente relacionadas con los costes concretos de los diversos servicios y actividades– y de otros elementos de la prestación dependientes de las específicas circunstancias de los distintos tipos de servicios y actividades. En cambio, esta especial intensidad no puede predicarse de la creación 'ex novo' de dichas prestaciones ya que en este ámbito la posibilidad de intervención reglamentaria resulta sumamente reducida puesto que sólo el legislador posee la facultad de determinar libremente cuáles son los hechos imponibles y qué figuras jurídico-tributarias prefiere aplicar en cada caso.

Pues bien, para los recurrentes los artículos 1.b), 3.4, 26.1 y la Disposición Adicional Segunda de la Ley de Tasas y Precios Públicos vulneran el principio de reserva de ley al deferir a la Administración la creación de los precios públicos [arts. 1.b) y 3.4], la fijación y modificación de su cuantía (art. 26.1) y el establecimiento de exacciones (Disposición Adicional Segunda).

6. a) El primero de estos preceptos el artículo 1.b) se limita a disponer que la Ley de Tasas y Precios Públicos tiene por objeto la regulación del régimen jurídico de los precios públicos (y de las tasas) y a calificarlos de recursos de Derecho público. Su función no es otra que la declaración de la creación de la figura jurídico-financiera de los precios públicos, por lo que ningún reproche puede merecer desde la perspectiva del principio de legalidad tributaria. En uso de su libertad de configuración, el legislador puede crear las categorías jurídicas que considere adecuadas. Podrá discutirse en otros foros la corrección científica de las mismas, así como su oportunidad desde la perspectiva de la política legislativa sin embargo, en un proceso de inconstitucionalidad como el presente sólo puede analizarse si la concreta regulación positiva que se establece de esas categorías respeta los preceptos constitucionales que les sean aplicables. Contemplado desde este enfoque, es evidente que un precepto de una ley que se limita a incorporar al ordenamiento jurídico-financiero la categoría del precio público y a disponer que su regulación corresponde a la propia ley, no es susceptible, en sí mismo considerado, de vulnerar el principio de reserva de ley plasmado en el artículo 31.3 CE.

No obstante, lo que sí es cierto es que, para considerar cumplido el principio de legalidad tributaria, no basta con que una ley prevea la figura abstracta de los precios públicos y defina, también en abstracto sus elementos esenciales, puesto que, como hemos reiterado, este principio exige que sea también la ley la que contenga la creación concreta o establecimiento de los diversos precios públicos que, en aplicación de esa figura abstracta, los entes públicos competentes estimen convenientes. Entre la previsión abstracta de la categoría de los precios públicos y el establecimiento y aplicación a los casos concretos de los diversos tipos de precios debe existir una «interpositio legislatoris», creando los tipos concretos de precios públicos.

Planteada así la cuestión, debemos analizar si la Ley de Tasas y Precios Públicos remite el establecimiento de los precios públicos a futuras leyes o, deslegalizando esta materia, habilita al reglamento para llevar a cabo esta operación. Los recurrentes, como queda dicho, atribuyen esta deslegalización al artículo 3.4 de la Ley.

b) Este precepto, ya citado anteriormente, establece que «el Ministerio de Economía y Hacienda podrá proponer al Gobierno o al Ministro del ramo el establecimiento de ingresos de Derecho público regulados en la presente Ley, por parte de aquellos órganos de la Administración del Estado, organismos o Entes que no los apliquen, así como su actualización, cuando proceda». A decir de los recurrentes, el precepto, en cuanto que delega en el Ministro unas potestades reglamentarias que sólo pueden regularse por ley y, en su caso, por decreto del Gobierno, infringe el principio constitucional de reserva de ley tributaria recogido en el artículo 31.3 CE, con infracción conexa del artículo 97 CE.

Basta la lectura detenida del precepto para constatar que su contenido no ha sido debidamente interpretado por los recurrentes. En la medida en que el precepto transcrito se limita a facultar al Ministro de Economía y Hacienda para que realice propuestas, dirigidas al Gobierno o al Ministro del ramo, es evidente que tales propuestas consideradas en sí mismas no implican ejercicio alguno de potestades reglamentarias, por lo que no puede plantearse la infracción denunciada.

Mayores dudas de constitucionalidad suscita, en cambio, el hecho de que la propuesta se dirija al «establecimiento» de ingresos públicos por parte del Gobierno o del «Ministro del ramo», puesto que, aunque una primera interpretación del precepto pudiera llevar a la conclusión de que esta facultad de establecimiento de tasas y precios públicos no se identifica con la creación de estas figuras, sino que se refiere a la facultad de aplicar los diversos tipos de ingresos ya creados y, más exactamente, a exigir su aplicación por parte de los «Órganos de la Administración del Estado, Organismos o Entes» que pudiendo aplicarlos no lo hayan hecho, lo cierto es que ante el silencio de la Ley, lo establecido en el artículo 5 y en la Exposición de Motivos llevan a concluir que el artículo 3.4 está reconociendo la posibilidad de que bien el Gobierno bien el Ministro del ramo creen los precios públicos que estimen oportunos en aplicación de la figura abstracta diseñada en la Ley de Tasas y Precios Públicos.

En efecto, el artículo 5 LTPP bajo la rúbrica «servicios públicos esenciales», dispone que «el establecimiento de (tasas y) precios públicos por la prestación de los servicios públicos de justicia, educación, sanidad, protección civil o asistencia social, sólo podrá efectuarse en los términos previstos en la ley o leyes reguladoras de los servicios de que se trate». Una interpretación a «sensu contrario» de la dicción literal permite concluir que para la Ley de Tasas y Precios Públicos la creación de precios que no afecten a los mencionados servicios esenciales no requiere la intervención de la ley.

Igualmente debe recordarse que la Exposición de Motivos, contrapone las tasas a los precios públicos en la medida en que en las primeras «aparece la nota de coactividad propia del tributo y, consecuentemente, las exigencias propias del principio constitucional de legalidad para su creación y aplicación». Si, como ha declarado este Tribunal, a las Exposiciones de Motivos puede atribuírseles un valor hermenéutico, no cabe duda que la referencia del artículo 3.4 al «establecimiento» de precios públicos por parte del Gobierno o del Ministro del ramo se refiere a la creación de los diversos tipos de precios y no a la mera aplicación de los ya creados por el legislador.

En suma, pues, salvo en lo que se refiere a los precios públicos que puedan establecerse por la prestación de los servicios públicos de justicia, educación, sanidad, protección civil y asistencia social, la Ley permite la creación de esos recursos de Derecho público sin necesidad de intervención del legislador. Esta constatación lleva derechamente a declarar inconstitucionales los incisos del artículo 24 LTPP, mencionados en el fundamento jurídico 4º que al referirse a verdaderas prestaciones patrimoniales de carácter público deberían haber respetado el principio de reserva de ley. Con todo, debe precisarse que, a pesar de que en el presente recurso se impugna una definición genérica de precio público, aquí no estamos enjuiciando un «nomen iuris» –precios públicos– y, como se dijo en la STC 296/1994, «las categorías tienen cada una de ellas la naturaleza propia y específica que les corresponde de acuerdo con la configuración y estructura que reciben en el régimen jurídico a que vengan sometidas», de modo que si una ley posterior a la Ley de Tasas y Precios Públicos ha creado precios públicos concretos que son verdaderas prestaciones patrimoniales de carácter público pero lo han hecho respetando el principio de legalidad, la declaración de inconstitucionalidad del artículo 24 LTPP no les alcanza.

c) Constatado ya que la Ley de Tasas y Precios Públicos permite crear precios públicos sin la «interpositio legislatoris» y proclamada la consiguiente inconstitucionalidad de aquellos incisos del artículo 24 que consagran verdaderas prestaciones de carácter público, resulta en principio innecesario analizar las denuncias vertidas por los recurrentes contra el artículo 26.1 y la Disposición Adicional Segunda. No obstante, dado que la impugnación dirigida contra el primero de estos preceptos no se limita al principio de legalidad tributaria sino que afecta a otros artículos de la Constitución debemos abordar, siquiera sea someramente, el examen de su presunta inconstitucionalidad.

En efecto, los recurrentes atribuyen al artículo 26.1 LTPP no sólo la vulneración del principio de legalidad tributaria al deslegalizar un elemento tan importante de la prestación económica como la fijación y modificación de la cuantía, sino también el artículo 97 CE que otorga al Gobierno en exclusiva la potestad reglamentaria.

El artículo impugnado dispone que «la fijación o modificación de la cuantía de los precios públicos se realizará salvo que una Ley especial disponga lo contrario: a) Por Orden del Departamento Ministerial del que dependa el Órgano o Ente que ha de percibirlos y a propuesta de éstos. b) Directamente por los Órganos Autónomos de carácter comercial, industrial o financiero previa autorización del Ministerio de que dependan, cuando se trate de precios correspondientes a la prestación de servicios o a la venta de bienes que constituyan el objeto de su actividad». Es cierto que, como hemos reiterado, la cuantía, a la que se refiere este precepto, constituye un elemento esencial de toda prestación patrimonial con lo que su fijación y modificación debe ser regulada por ley. Ello no significa, sin embargo, que siempre y en todo caso la ley deba precisar de forma directa e inmediata todos los elementos determinantes de la cuantía; la reserva establecida en el artículo 31.1 CE no excluye la posibilidad de que la ley pueda contener remisiones a normas infraordenadas, siempre que tales remisiones no provoquen, por su intermediación, una degradación de la reserva formulada por la Constitución a favor del legislador (STC 19/1987).

Para determinar la medida en que la ley debe regular directamente los elementos configuradores de la cuantía o, por el contrario, puede atribuir su regulación a normas infralegales, es preciso atender, como hemos apuntado anteriormente, a la naturaleza de la prestación patrimonial de que se trate. En el caso de los precios públicos, la multiplicidad de figuras que pueden incluirse en este concepto, así como la necesidad de tomar en consideración factores técnicos, pueden justificar que la ley encomiende a normas reglamentarias la regulación o fijación de su cuantía, conforme a los criterios o límites señalados en la propia ley que sean idóneos para impedir que la actuación discrecional de la Administración en la apreciación de los factores técnicos se transforme en actuación libre o no sometida a límite. El contenido y la amplitud de la regulación puede variar, pero en todo caso es necesario que la ley incorpore un mínimo de regulación material que oriente la actuación del reglamento y le sirva de programa o marco. Planteada así la cuestión, el debate se traslada a la forma en la que la Ley de Tasas y Precios Públicos, en su artículo 25, establece los referidos criterios materiales y límites. Sin embargo, ni los recurrentes impugnan, desde esta perspectiva del principio de legalidad tributaria, ese artículo 25 ni aportan argumento alguno acerca de esta cuestión.

Tampoco puede entenderse que el precepto ahora contemplado vulnere lo dispuesto por el artículo 97 CE. La atribución genérica de la potestad reglamentaria convierte al Gobierno en titular originario de la misma, pero no prohíbe que una ley pueda otorgar a los Ministros el ejercicio de esta potestad con carácter derivado o les habilite para dictar disposiciones reglamentarias concretas, acotando y ordenando su ejercicio. Y esto es cabalmente lo que hace el artículo 26.1.a) LTPP que se limita a atribuir a los Ministros que puedan resultar afectados, en cuanto titulares de los respectivos Departamentos ministeriales, un poder reglamentario derivado, resultado de una habilitación legal específica, para regular una materia concreta y determinada, cual es en este caso la fijación y modificación de la cuantía de los precios públicos. Las tachas de inconstitucionalidad podrían derivar, en su caso, de una hipotética vulneración del principio de legalidad si la ley habilitante no precisa suficientemente el alcance del reglamento, pero ninguna objeción puede formularse a este precepto desde el punto de vista del artículo 97 CE.

d) A la misma conclusión cabe llegar respecto al apartado b) de este artículo 26.1 que prevé la posibilidad de que sean los Organismos autónomos de carácter comercial, industrial o financiero quienes, previa autorización del Ministerio del que dependan, directamente fijen o modifiquen la cuantía de los precios. Nada puede objetarse desde la perspectiva del artículo 97 CE a que una ley habilite expresamente a un Organismo autónomo para fijar la cuantía de los precios públicos, previa autorización de su respectivo Ministerio.

e) Los recurrentes impugnan la Disposición Adicional Segunda –que autoriza el establecimiento mediante Real Decreto de exacciones con finalidad exclusiva de regular el precio de productos determinados– remitiéndose en bloque a la misma argumentación alegada respecto del anterior artículo 26.1, sin exponer ninguna alegación que pueda ser específicamente aplicable a esta Disposición.

La pretensión ejercitada en este punto no puede ser estimada. Cualesquiera que sean las dudas que puedan surgir acerca de la naturaleza jurídica de las exacciones reguladoras de precios, es lo cierto que tales exacciones eran ya conocidas en nuestro ordenamiento con anterioridad (cfr. 4 de la Ley 26 de diciembre de 1958, de Tasas y Exacciones Parafiscales, de contenido semejante a la Disposición ahora impugnada, y los Decretos dictados a su amparo) y que su estructura y configuración presenta diferencias sustanciales con la categoría del precio público. La indicada diferencia entre ambas categorías, que impide trasladar «sic et simpliciter» a las exacciones reguladoras de precios las razones alegadas contra los precios públicos, y la ausencia en el escrito de demanda de argumentos específicos a propósito de las mencionadas exacciones, impide ahora entrar a enjuiciar y, en consecuencia, estimar la solicitud de los recurrentes.

Aun cuando el texto transcrito ofrece un pronunciamiento complejo y difícil de interpretar, el apartado siguiente recoge un esfuerzo clarificador de su contenido, y ello en orden a poder conformar con cierto rigor y precisión el contexto en el que se sitúa la reforma aportada por la Ley 25/1998.

2.2. Contenido de la Sentencia

La STC 185/1995 comienza por aclarar que en la creación y regulación de los precios públicos estatales, la LTPP sigue la *senda trazada* por la LRHL; recoge el concepto que de dichos precios públicos formula el artículo 24 LTPP; establece su origen material en el antiguo concepto de tasa; destaca sus notas más caracterizadoras, tanto intrínsecamente, como por comparación con las tasas; y explica que la LTPP concibe los precios públicos como prestaciones basadas en la existencia de una relación contractual y libre entre el particular y el Ente público, es decir, como una prestación estrictamente voluntaria (FJ 1º).

A continuación, la Sentencia enuncia los motivos por los que los recurrentes impugnan algunos de los preceptos de la LTPP dedicados a regular los precios públicos, motivos éstos que se concretan en la vulneración de distintos principios constitucionales recogidos en diversos artículos de la ley fundamental, destacando entre ellos el principio de reserva de ley consagrado en el artículo 31.3 CE, que es al que atiende el TC (FJ 2º).

Así, en efecto, el TC toma como hilo conductor de su razonamiento la alegada vulneración del principio de reserva de ley, manifestando, en primer lugar, que tal principio está referido a las *prestaciones patrimoniales de carácter público* (art. 31.3 CE). A partir de tal afirmación, el TC indica que son dos las cuestiones a determinar, a saber: en primer lugar, si los precios públicos regulados por la LTPP son *prestaciones patrimoniales de carácter público*; en segundo lugar, y en caso afirmativo, si la regulación que de dichos precios públicos se contiene en la citada Ley respeta, o no, el principio de reserva de ley (FJ 2º).

A continuación, el TC entra en el análisis de la primera de las cuestiones planteadas, y comienza por manifestar que el concepto de *prestación patrimonial de carácter público* (art. 31.3 CE) no se identifica con el concepto de tributo (art. 133.1 y 2 CE), pues el primero es más amplio que el segundo y comprende en su ámbito a las distintas categorías tributarias, así como a otras categorías financieras que el legislador puede crear (FJ 3º).

Llegados a este punto, el TC explica que la integración del concepto de *prestación patrimonial de carácter público* debe realizarse a partir de la función que cumple la reserva de ley, a cuyo fin indica que dicho principio cumple, entre otros pero muy fundamentalmente, la función de garantizar que la imposición coactiva de prestaciones patrimoniales a los particulares por los Entes públicos está consentida por los representantes de aquéllos, sin que tal garantía resulte necesaria cuando la prestación patrimonial sea asumida libre y voluntariamente por los mencionados particulares (FJ 3º).

En esencia, pues, lo que aclara el TC es que las prestaciones patrimoniales de carácter público en cuyo establecimiento ha de observarse el principio de reserva de ley (art. 31.3 CE), son prestaciones coactivamente impuestas a los particulares por los Entes públicos. Tras establecer esta afirmación de carácter general, el TC especifica que se está ante prestaciones coactivas (FJ 3º):

a) Cuando la realización del presupuesto de hecho determinante de la prestación, es decir, cuando la utilización del bien, servicio o actividad viene impuesta al particular por el ente público; y cuando tal realización aun siendo libre y voluntaria y no suponiendo demanda alguna de bienes, servicios o actividades, determina una obligación de pago.

b) Cuando la realización del presupuesto de hecho determinante de la prestación, es decir, cuando la utilización del bien, servicio o actividad, a pesar de ser formalmente libre y voluntaria resulta imprescindible para satisfacer una necesidad básica del particular.

c) Cuando el bien, servicio o actividad cuya utilización determina la obligación de pago, se presta por el Ente público desde una posición de monopolio de hecho o de derecho, sin que la posibilidad de abstenerse de utilizar el bien, servicio o actividad pueda considerarse como una libertad real y efectiva.

A continuación, el TC proyecta estos criterios determinantes de la existencia de prestaciones coactivas sobre el concepto de precio público contenido en el artículo 24 LTPP y llega a las conclusiones siguientes (FJ 4º):

a) Son prestaciones coactivas, y por ende *prestaciones patrimoniales de carácter público* (art. 31.3 CE), todos los precios públicos por la utilización privativa o el aprovechamiento especial del dominio público, ya que los Entes públicos ostentan una posición de monopolio de hecho respecto de los bienes de dominio público.

b) Son prestaciones coactivas, y por ende *prestaciones patrimoniales de carácter público* (art. 31.3 CE), todos los precios públicos que se exijan por servicios o actividades que sean de recepción o solicitud obligatoria; que sean imprescindibles para satisfacer necesidades básicas de los particulares; o que no se presten o realicen por los Entes públicos en concurrencia real y efectiva con el sector privado.

Esta conclusión permite al TC anunciar (FJ 4º) que si la regulación de los precios públicos reseñados no respeta la reserva de ley, debe declararse la inconstitucionalidad de los elementos del concepto de precio público (art. 24 LTPP) que entrañan la posibilidad de exigir dichos precios públicos, es decir, dichas prestaciones coactivas.

A partir de tal *advertencia* el TC inicia el análisis de la segunda de las cuestiones antes planteadas, esto es, determinar si la regulación contenida en la LTPP respeta, o no, el principio de reserva de ley. En el desarrollo de ese proceso analítico, el TC se detiene en el régimen de *establecimiento* de los precios públicos previsto en la LTPP, y al hacerlo comienza por recordar que la reserva de ley exige que la prestación patrimonial sea establecida por Ley y que todos los elementos esenciales de la misma sean, igualmente, regulados por Ley. También aclara que para que se cumpla la reserva de ley no basta con que ésta cree y regule en abstracto una prestación patrimonial, sino que cada prestación patrimonial concreta debe ser creada y regulada por Ley (FJ 6º).

Dicho lo anterior, el TC, en su análisis de la LTPP, detecta las dos circunstancias siguientes (FJ 6º):

a) Los precios públicos coactivos resultantes del artículo 24 LTPP aparecen creados y regulados por dicha Ley en abstracto, sin que ésta especifique tipos concretos de tales precios públicos.

b) El artículo 3.4 LTPP faculta al Gobierno y al Ministro del ramo para *establecer* precios públicos, por vía reglamentaria, entre ellos los de carácter coactivo previstos en abstracto en el artículo 24 del mismo texto legal. A este respecto, el TC manifiesta:

1°. Que la facultad atribuida al Gobierno y al Ministro del ramo para *establecer* precios públicos no es una simple facultad para disponer la *aplicación* de un precio público concreto previamente creado por Ley, sino la facultad para crear precios públicos concretos.

2°. Que la efectividad de la reserva de ley impide que el Gobierno o el Ministro del ramo puedan *establecer*, esto es, crear precios públicos coactivos por vía reglamentaria.

En función de las dos circunstancias reseñadas, el TC hace efectiva su advertencia anterior (FJ 4°) y procede a declarar la inconstitucionalidad de los elementos del concepto de precio público contenido en el artículo 24 LTPP que entrañan la existencia de prestaciones coactivas (FJ 6°), declaración ésta que la STC 185/1995 incorpora a los cuatro primeros puntos de su Fallo.

Debe destacarse aquí, como cuestión más significativa que curiosa, el hecho de que la declaración de inconstitucionalidad, fundada en la vulneración del principio de reserva de ley que supone la facultad de *establecer* (crear) prestaciones coactivas, no se haya referido al precepto que prevé tal posibilidad (art. 3.4 LTPP), sino a aquél que configura en abstracto tales prestaciones coactivas. Dicho en otros términos, el TC, que no considera inconstitucionales los precios públicos coactivos en sí mismos considerados, sino la facultad de su establecimiento o creación por vía reglamentaria, declara, sin embargo, la inconstitucionalidad de los preceptos que sustentan dichos precios públicos (art. 24 LTPP), manteniendo la validez y vigencia del precepto que ampara el establecimiento por vía reglamentaria de los precios públicos formalmente considerados.

Se trata, sin duda, de una *extraña* conexión entre la fundamentación jurídica de la Sentencia, por un lado, y su Fallo, por otro, pues desde una perspectiva estrictamente sistemática, dicha fundamentación jurídica debiera haber conducido a una declaración de inconstitucionalidad de la facultad de establecer precios públicos coactivos por vía reglamentaria, es decir, a una declaración de inconstitucionalidad parcial del artículo 3.4 LTPP.

Sin embargo, lo cierto es que el pronunciamiento del TC no se ha producido en estos últimos términos, sino en los anteriormente indicados, razón por la cual la lógica de la Sentencia ha de buscarse en otros ámbitos. En este orden de ideas, cabe entender que la conexión entre fundamentación jurídica de la STC 185/1995 y Fallo de ésta obedece al siguiente planteamiento del TC:

a) La LTPP contiene el régimen jurídico de una categoría financiera nueva denominada *precio público*, la cual se configura, desde la perspectiva conceptual de dicha Ley, como una prestación pecuniaria basada en la existencia de una relación contractual libre entre el particular y el Ente público, esto es, como una prestación pecuniaria voluntariamente asumida.

b) Dicho régimen jurídico se construye, pues, por la LTPP en función de esa naturaleza voluntaria del *precio público*, y, en consecuencia con ello, la categoría financiera que se contempla se crea y regula en abstracto, permitiendo el establecimiento o creación de los precios públicos concretos por vía reglamentaria.

c) Sin embargo, la definición positiva que del precio público recoge la LTPP (art. 24) comprende supuestos de hecho que, desde una perspectiva constitucional (art. 31.3 CE) no dan lugar a prestaciones voluntarias, sino a prestaciones coactivas, esto es, a prestaciones patrimoniales de carácter público (art. 31.3 CE).

d) Siendo esto así, la regulación de tales prestaciones coactivas debe observar el principio de reserva de ley (art. 31.3 CE), el cual demanda que las mismas sean creadas y reguladas en concreto por Ley.

e) En la medida en que la regulación aplicable a dichas prestaciones coactivas (LTPP) permite que las mismas puedan ser *establecidas*, es decir, creadas y reguladas en concreto por vía reglamentaria (art. 3.4 LTPP), cabe advertir una vulneración del principio de reserva de ley.

f) Tal vulneración de un principio constitucional no determina la inconstitucionalidad del régimen jurídico que permite el establecimiento de precios públicos por vía reglamentaria, sino la inconstitucionalidad de la posibilidad de que a precios públicos coactivos les pueda ser aplicado un régimen jurídico configurado para regular prestaciones voluntarias.

En definitiva, con el planteamiento subyacente tras la STC 185/1995, el TC:

1°. Respeta la potestad del legislador para crear nuevas categorías financieras distintas de las existentes con anterioridad a la promulgación de la Constitución.

2°. Reconoce la voluntad de la LTPP de crear una categoría financiera nueva denominada *precio público*, con la naturaleza material de una prestación voluntaria.

3°. Respeta y declara constitucional, el régimen jurídico aplicable a esa categoría financiera, en tanto que la misma no dé lugar, efectivamente, a prestaciones materialmente coactivas.

4º. En función de ello, expulsa del ordenamiento jurídico la posibilidad de que dicho régimen jurídico pueda ser aplicado a prestaciones materialmente coactivas, y ello en la medida en que aquél no respeta el principio de reserva de ley, cuya observancia es imprescindible en el ámbito de las mencionadas prestaciones coactivas.

En esencia, el TC ha detectado una incompatibilidad entre el régimen jurídico previsto en la LTPP y la naturaleza material de algunas de las prestaciones a las que el mismo es de aplicación, incompatibilidad ésta que determina una vulneración del principio constitucional de reserva de ley, y que se resuelve, con mayor o menor acierto, suprimiendo la posibilidad de que las prestaciones coactivas, puedan *subsistir* en el contexto de dicho régimen jurídico (LTPP).

Ello no significa, sin embargo, que el TC rechace toda posibilidad de creación de *precios públicos* que sean auténticas prestaciones coactivas, ello es, auténticas *prestaciones patrimoniales de carácter público* (art. 31.3 CE). A este respecto resulta definitivamente ilustrativo el último inciso del último párrafo del apartado b) del Fundamento Jurídico 6º de la STC 185/1995, en el que el TC, tras declarar expresamente la inconstitucionalidad de determinados aspectos del concepto de precio público (art. 24 LTPP), manifiesta expresamente lo siguiente:

Con todo, debe precisarse que, a pesar de que en el presente recurso se impugna la definición genérica de precio público, aquí no estamos enjuiciando un «nomen iuris» –precios públicos– y, como se dijo en la STC 296/1994, «las categorías tienen cada una de ellas la naturaleza propia y específica que las corresponde de acuerdo con la configuración y estructura que reciben en el régimen jurídico a que vengan sometidas», de modo que si una ley posterior a la Ley de Tasas y Precios Públicos ha creado precios públicos concretos que son verdaderas prestaciones patrimoniales de carácter público pero lo han hecho respetando el principio de legalidad, la declaración de inconstitucionalidad del art. 24 LTPP no les alcanza.

Resulta evidente, pues, que para el TC la inconstitucionalidad de la LTPP no radica en la facultad que ésta atribuye al Gobierno de la Nación y al Ministro del ramo para establecer precios públicos, sino en el hecho de que algunos de dichos precios públicos son *impropios* del régimen jurídico al que quedan sometidos (LTPP), ya que los mismos son auténticas prestaciones coactivas, mientras que el mencionado régimen jurídico sirve a prestaciones voluntarias.

Es por ello por lo que el TC precisa:

1º. Que la naturaleza de una prestación no viene dada por su denominación formal, sino por su configuración y estructura material, siendo, pues, irrelevante el *«nomen iuris»* que se le asigne.

2º. Que si una ley crea un precio público concreto que sea una auténtica prestación patrimonial de carácter público, y lo hace respetando el principio de legalidad (art. 31.3 CE), no cabe imputar tacha alguna de inconstitucionalidad a dicha Ley.

Así, la conexión entre fundamentación jurídica y Fallo de la STC 185/1995 debe localizarse en el sometimiento por la LTPP de unos precios públicos coactivos al régimen jurídico propio de precios públicos voluntarios, cuyo sometimiento determina la vulneración del principio de reserva de ley y, con ello, la inconstitucionalidad de ese sometimiento, pero no del régimen jurídico en sí mismo considerado.

A fin de apreciar con mayor claridad este sutil planteamiento, cabe contrastar el contenido de la STC 185/1995 con el de otros pronunciamientos del TC recaídos sobre situaciones aparentemente análogas. Así, por ejemplo, la Ley 24/1983, de 21 de diciembre, de Saneamiento y Regulación de las Haciendas Locales, adoptó, entre otras, las dos medidas siguientes:

a) En primer lugar, creó y reguló un Recargo Municipal sobre el IRPF, y atribuyó a los Ayuntamientos la facultad de fijar libremente el tipo de gravamen de dicho recargo sin límite legal alguno.

b) En segundo lugar, facultó a los Ayuntamientos para fijar libremente, sin límite legal alguno, el tipo de gravamen de las antiguas Contribuciones Territoriales Rústica y Pecuaria y Urbana.

Pues bien, ambas medidas fueron objeto de sendas cuestiones de inconstitucionalidad por presunta vulneración del principio de reserva de ley en materia tributaria (art. 31.3 CE) y las dos fueron declaradas inconstitucionales, la primera por virtud de la STC 179/1985, de 19 de diciembre, y la segunda por virtud de la STC 19/1987, de 17 de febrero.

Ahora bien, la STC 179/1985 no declaró la inconstitucionalidad del Recargo Municipal sobre el IRPF, ni la STC 19/1987 declaró la inconstitucionalidad de las Contribuciones Territoriales, sino que una y otra declararon la inconstitucionalidad de la facultad para fijar libremente los respectivos tipos de gravamen.

Ahora, el TC realiza la operación inversa, actitud esta que sólo puede explicarse en función del planteamiento siguiente: el régimen jurídico del Recargo Municipal sobre el IRPF y de las Contribuciones Territoriales era el propio de las prestaciones patrimoniales de carácter público, excepto en lo relativo a la fijación de los respectivos tipos de gravamen; el régimen jurídico aplicable a los precios públicos coactivos (LTPP) es impropio de estas prestaciones patrimoniales de carácter público, y de tal falta de propiedad resulta la vulneración de un principio constitucional, que requiere la correspondiente declaración de inconstitucionalidad, no del régimen jurídico, que sí es propio de los precios públicos para los que se concibió, es decir, de los precios públicos voluntarios, sino de la posibilidad de que precios públicos coactivos puedan quedar sometidos a dicho régimen jurídico.

Sea como fuere, lo único cierto es que la STC 185/1995 ha declarado la inconstitucionalidad de algunos elementos de la definición legal del concepto de precio público, contenido en el artículo 24 LTPP, de forma tal que dicha definición y concepto han quedado reducidos a los términos siguientes:

Tendrán la consideración de precios públicos las contraprestaciones pecuniarias que se satisfagan por:

a) (.. inconstitucionalidad...).

b) (.. inconstitucionalidad...).

c) La prestación de servicios o realización de actividades efectuadas en régimen de Derecho público cuando concurran (...inconstitucional...) las circunstancias siguientes:

— Que los servicios o las actividades no sean de solicitud o recepción obligatoria.

— Que los servicios o las actividades sean (...inconstitucional...) prestados o realizadas por el sector privado (...inconstitucional...).

Así, sólo los precios públicos resultantes de esa definición recortada pueden quedar sometidos al régimen jurídico que establece la LTPP. Cualesquiera otras prestaciones coactivas que resultaban de la definición original de precio público, han de ser creadas en concreto, con esa u otra denominación, por una Ley cuyo régimen jurídico respete el principio de reserva de ley.

Lo hasta aquí expuesto constituye, pues, el contenido de la STC 185/1995, el cual debe ser proyectado a continuación sobre el ámbito de los precios públicos locales.

3. Incidencia de la STC 185/1995 en el ámbito local

Según se ha tenido ocasión de exponer en páginas anteriores de esta obra (II ANTECEDENTES), la reordenación del concepto de tasa y la consiguiente creación de la nueva categoría financiera constituida por los precios públicos, no fueron actuaciones que integrasen una reforma de exclusiva incidencia en el ámbito del sistema de recursos de la Hacienda estatal, sino que tal reforma incidió casi simultáneamente en dicho ámbito (LTPP), en el ámbito de la Hacienda local (LRHL) y también en el de la Hacienda autonómica (Ley Orgánica 1/1989).

Siendo eso así, no debe olvidarse que la declaración de inconstitucionalidad operada por la STC 185/1995 sólo ha alcanzado formalmente al concepto de precio público recogido en el artículo 24 LTPP, esto es al concepto de precio público estatal, habiendo quedado, pues, intactos, desde esa perspectiva estrictamente formal, los conceptos de precio público específicamente autonómicos y local.

Ahora bien, al determinar el alcance o incidencia de la declaración de inconstitucionalidad de referencia en otros ámbitos (autonómico y local), no es posible considerar la cuestión desde una perspectiva puramente formal, sino que deben tenerse en cuenta otros enfoques y entre ellos los siguientes:

a) En primer lugar, debe tenerse en cuenta que la fundamentación teórica en la que el legislador basó la construcción jurídica del precio público es idéntica en todos los casos, dando ello lugar al hecho cierto de que el concepto de precio público estatal es el mismo que el de precio público autonómico o local.

b) En segundo lugar, debe recordarse que la declaración de inconstitucionalidad ha operado directamente sobre el concepto de precio público, al entender el TC que muchos de los elementos de ese concepto eran constitucionalmente incompatibles con el régimen jurídico propio de la categoría financiera, sobre todo si dicho régimen jurídico se enjuiciaba a la luz de su fundamentación teórica antes aludida.

Desde ese planteamiento, no resulta aventurado pensar que los mismos vicios de inconstitucionalidad que el TC ha detectado en el concepto de precio público estatal, puedan ser detectados exactamente igual en los restantes conceptos legales de precio público, y muy particularmente en el de precio público local contenido en el artículo 41 LRHL que es el que aquí interesa.

Quizá sea posible expresar con más claridad la idea anterior si la cuestión se plantea en otros términos. Así, piénsese que el concepto legal de precio público local (art. 41 LRHL) contiene, al igual que en el caso del concepto estatal (art. 24 LTPP) presupuestos materiales que según el TC dan lugar a la exacción de prestaciones coactivas, esto es de prestaciones patrimoniales de carácter público (art. 31.3 CE). Piénsese además, que el TC no ha corregido los vicios de inconstitucionalidad del régimen jurídico de los precios públicos estatales expulsando del ordenamiento jurídico los preceptos de dicho régimen en los que se detectan esos vicios, sino expulsando del ordenamiento jurídico los elementos del concepto legal de precio público que entrañan presupuestos materiales que dan lugar a la exacción de prestaciones coactivas. Al llevar este razonamiento hasta el final sería posible pensar en una decisión análoga por parte del TC en relación a los precios públicos locales, decisión que implicaría, pues, el mantenimiento del régimen legal de dichos precios públicos (arts. 41 a 48 LRHL), excepto en lo referente a los elementos del concepto legal de la categoría financiera (art. 41 LRHL) que dan lugar a la exacción de prestaciones patrimoniales coactivas, los cuales serían expulsados del ordenamiento jurídico.

Contra este planteamiento cabría oponer que para que el mismo se hiciese cierto en los términos expuestos sería necesario que el TC advirtiera vicios de inconstitucionalidad, esto es violaciones del principio de reserva de ley (art. 31.3 CE), en alguno o algunos de los preceptos integrantes del régimen legal de los precios públicos locales (arts. 41 a 48 LRHL), posibilidad ésta difícilmente materializable dadas las particularidades que concurren en la Administración Local, la efectividad del principio de autonomía local y la diversa forma en que opera en este ámbito, por comparación con el estatal o autonómico, el principio de reserva de ley consagrado en el artículo 31.3 CE.

Este argumento, que conduciría finalmente a negar cualquier incidencia de la STC 185/1995 en el ámbito de los precios públicos locales, constituye en todo caso un planteamiento de muy alto riesgo, y ello por las razones siguientes:

a) En primer lugar, porque para mantener el argumento es preciso *inventar* una conexión adecuada entre la fundamentación jurídica de la Sentencia y el Fallo de ésta.

b) En segundo lugar, porque para mantener el argumento sería preciso flexibilizar mucho la efectividad del principio de reserva de ley en el ámbito de las prestaciones patrimoniales de carácter público local, flexibilización ésta que no estaría avalada por los antecedentes en la materia, esto es, por las Sentencias del TC de 1985 y 1987 referidas en el apartado 2.2. anterior.

c) En tercer lugar, porque es muy posible que la STC 185/1995 represente una *admonición* respecto de futuros pronunciamientos del TC, a cuyo efecto basta recordar: en primer lugar, que el recurso interpuesto contra la LRHL, a pesar de ser más antiguo que el interpuesto contra la LTPP, está aún pendiente de resolución; en segundo lugar, que el propio TC inicia su fundamentación jurídica en la STC 185/1995 manifestando que *la Ley 8/1989, de 13 de abril, de Tasas y Precios Públicos (LTPP), siguiendo la senda trazada por la Ley 39/1988, de 28 de diciembre, reguladora de las Haciendas Locales...*

En fin, todo lo hasta aquí expuesto permite afirmar que si bien es cierto que la STC 185/1995 sólo ha tenido incidencia formal material y directa en relación al concepto estatal de precio público, no es menos cierto que también ha tenido incidencia material indirecta en relación al concepto autonómico y local de precio público.

Además, y con independencia de ello, la declaración de inconstitucionalidad operada por la STC 185/1995 colocó al legislador ante la necesidad de reflexionar, al menos, acerca de los términos en los que procedía *reparar* la quiebra producida, esto es, ante la necesidad de reflexionar, al menos, en torno a una posible reforma de la materia afectada.

Tal situación dio lugar, efectivamente, a un largo proceso de reflexión al que no pudieron sustraerse los ámbitos autonómico y local, proceso que ha culminado con la reforma llevada a cabo por la Ley 25/1998.

IV

CONTENIDO DE LA REFORMA

Sumario

IV. CONTENIDO DE LA REFORMA

1. Planteamiento

La primera de las consecuencias inmediatas de la STC 185/1995 consistió en dejar sin cobertura legal a todos esos presupuestos materiales que habían estado hasta entonces configurados como precios públicos por los elementos del concepto de precio público ahora expulsados del ordenamiento jurídico como consecuencia de la declaración de inconstitucionalidad.

Tal situación, que sólo tuvo incidencia directa en el ámbito de los precios públicos estatales, requirió una actuación inmediata conducente a suministrar a dichos precios públicos el necesario soporte legal, actuación ésta que fue llevada a cabo por el Real Decreto-Ley 2/1996, de 26 de enero. Ahora bien, la solución aportada por esta norma era claramente provisional, y la promulgación de aquélla no evitaba, en absoluto, la profundización en el proceso reflexivo que había puesto en marcha la STC 185/1995.

Así las cosas, fueron dos los ejes centrales de ese proceso reflexivo, a saber: de un lado, los términos en los que procedía reordenar el universo de presupuestos materiales afectados por la STC; de otro, determinar si tal reordenación debía hacerse extensiva o no al ámbito autonómico y al local.

En realidad ambas cuestiones, que están íntimamente vinculadas entre sí, fueron consideradas conjuntamente, y respecto de las mismas hubo de adoptarse una decisión, quizá excesivamente precipitada, pues las circunstancias del momento conformaron una coyuntura política, y parlamentaria en particular, que limitó muy considerablemente el alcance del proceso reflexivo iniciado.

En efecto, en otoño de 1996 se acuerda la aprobación de un nuevo modelo de financiación de las Comunidades Autónomas de régimen común, cuya articulación requería, entre otras actuaciones, la modificación de la LOFCA.

Aun cuando la reordenación de los precios públicos nada tenía que ver con esa reforma de la LOFCA, ésta constituye un texto legal de muy alto y muy polémico contenido político, cuya *apertura* en Cortes no es muy aconsejable desde esa perspectiva estrictamente política.

Así las cosas, y siendo inevitable la remisión de la LOFCA a las Cortes para la articulación del nuevo modelo de financiación autonómica, resultó necesario conocer inmediatamente en qué términos iba a producirse la reordenación de los precios públicos para el caso de que tal reordenación se extendiese al ámbito autonómico y esta extensión requiriese alguna modificación de la LOFCA. De ser esto así debía aprovecharse la *coyuntura favorable* de contar con la LOFCA en las Cortes, e introducir en ella y en el mismo *viaje* cuantas modificaciones fuesen necesarias.

El *status quo* descrito imprimió gran celeridad al proceso reflexivo abierto, y con ello el análisis de la cuestión planteada se orientó desde posiciones conservadoras incompatibles con planteamientos doctrinales *revolucionarios*. De lo que se trataba, en definitiva, era de determinar si los presupuestos materiales amparados hasta entonces por ciertos elementos del concepto de precio público se reordenaban en torno a una nueva categoría a crear *ex novo*, o si se reconducían al ámbito al que habían pertenecido antes de la reforma de 1988-89, esto es al ámbito de la tasa.

El estrecho margen de maniobra disponible sólo permitió, finalmente, aconsejar una *estrategia regresiva* que motivó al legislador a replegarse sobre sus propios ímpetus reformistas de 1988-89 y buscar refugio en las viejas construcciones jurídico-tributarias, cuyo conocimiento y funcionamiento eran, por otra parte, bien conocidos casi desde siempre.

Tal actitud se concretó en la decisión de reintegrar al ámbito de la tasa todos esos presupuestos materiales, hasta entonces y desde 1988-89 propios de precio público, que conforme a la STC 185/1995 daban lugar a la exacción de prestaciones coactivas, esto es de prestaciones patrimoniales de carácter público. Esta decisión implicaba, pues, la subsistencia de los precios públicos, cuyo ámbito quedaba integrado exclusivamente por presupuestos de hecho generadores de exacciones voluntarias. Así, los precios públicos pasaban a ocupar un lugar muy residual por comparación con el nuevo espacio reservado a la tasa.

La decisión de referencia requería inexcusablemente la reformulación positiva del concepto de tasa, y en aras de la unidad conceptual del sistema tributario general, la proyección de esa reformulación a los conceptos de tasa estatal, autonómica y local. Llegados a este punto, resultaba inevitable *adelantar* la formulación legal del nuevo concepto de tasa al ámbito autonómico, pues la LOFCA, que según se ha indicado anteriormente iba a ser objeto de reforma en orden a la articulación del nuevo modelo de financiación de las Comunidades Autónomas de régimen común, dedicaba y dedica su artículo 7 a las tasas autonómicas.

De esta forma, la decisión esencial en torno a los términos en los que procedía *adaptar* el ordenamiento jurídico a la STC 185/1995 quedó legalmente articulada por virtud de la Ley Orgánica 3/1996 mediante la nueva redacción dada por ésta a los apartados 1 y 2 del artículo 7 LOFCA (véase V. ANEXO NORMATIVO 4). En función de ello retornaron al ámbito de la tasa:

a) Todos los supuestos de utilización privativa o aprovechamiento especial del dominio público.

b) Todos los supuestos de prestación de servicios o realización de actividades administrativas, que se refieran, afecten o beneficien de modo particular al sujeto pasivo, cuando concurra cualquiera de las circunstancias siguientes:

(a) Que los servicios o las actividades no sean de solicitud voluntaria para los administrados, entendiéndose que no hay voluntariedad:

— Cuando vengan impuestos por disposiciones legales o reglamentarias.

— Cuando los bienes, servicios o actividades requeridos sean imprescindibles para la vida social o privada del solicitante.

(b) Que los servicios o las actividades no se presten o realicen por el sector privado, esté o no establecida su reserva a favor del sector público conforme a la normativa vigente.

Nada se dispuso, sin embargo, respecto de los precios públicos, circunstancia ésta que obligó a entender por vía interpretativa que las Comunidades Autónomas podrían establecerlos por la prestación de servicios o la realización de actividades administrativas en cuya prestación o realización no concurriese ninguna de las circunstancias antes reseñadas que, conforme a la nueva redacción dada a los apartados 1 y 2 del artículo 7 LOFCA por la Ley Orgánica 3/1996, sólo podían dar lugar al establecimiento y exacción de tasas.

Con la decisión hasta aquí descrita, ya incorporada a un texto legal (art. 7 LOFCA), decisión difícilmente modificable por las razones antes expuestas, el proceso reflexivo puesto en marcha por la STC 185/1995 quedó absolutamente cercenado y degeneró en un proceso de estudio de los términos en los que procedía adaptar la Sentencia de referencia al ámbito estatal y al local, teniendo como condicionante en todo caso la idea esencial convertida en decisión e incorporada a una ley (LOFCA).

En definitiva, ese proceso de estudio, cuyos resultados incorpora la Ley 25/1998, ha desembocado en una reordenación del régimen legal de las tasas y precios públicos que ha alcanzado:

1º. Al concepto general de tasa contenido en el artículo 26.1,a) LGT (art. 1 Ley 25/1998).

2º. Al régimen legal de las tasas y precios públicos estatales contenido en la LTPP (art. 2 Ley 25/1998).

3º. Al régimen legal de las tasas y precios públicos locales contenido en la LRHL (art. 66 Ley 25/1998).

Así, y en lo que aquí interesa, la reforma objeto de esta obra se concreta en una modificación de la LRHL, y más específicamente en una modificación del régimen legal de las tasas y precios públicos locales contenido en la citada Ley.

2. La modificación del régimen legal de las tasas locales

2.1. Planteamiento

El hasta ahora vigente régimen legal de las tasas locales se contenía fundamentalmente en los artículos 20 a 27 LRHL, y su configuración obedecía a los criterios y circunstancias expuestos en los ANTECEDENTES de esta obra (II ANTECEDENTES). Por las razones indicadas en el epígrafe III (EL CONTEXTO DE LA REFORMA: LA STC 185/1995, DE 14 DE DICIEMBRE) y en el apartado 1 anterior, el legislador ha articulado la adaptación de la STC 185/1995 en torno a una reforma legislativa relativamente amplía que implica, entre otros extremos, la modificación del régimen legal de las tasas locales, así como el de los precios públicos de igual naturaleza.

En realidad, la modificación del régimen legal de las tasas locales, que es lo que ahora interesa, tiene por objeto fundamentalmente incorporar al mismo la nueva formulación del concepto de tasa y practicar las adaptaciones técnicas procedentes del resto de ese régimen a dicho nuevo concepto, teniendo en cuenta que todo ello ha implicado, asimismo, la correspondiente adaptación del régimen legal de los precios públicos locales. Además, el legislador ha aprovechado la reforma para introducir ciertas mejoras técnicas en el régimen legal de las tasas locales, mejoras éstas que son absolutamente ajenas a la adaptación de dicho régimen a la STC 185/1995.

Teniendo en cuenta la finalidad que persigue esta obra, expuesta en su PRESENTACIÓN, la exposición que continúa más abajo se limita a poner de manifiesto las modificaciones introducidas por la Ley 25/1998 en el régimen legal de las tasas locales (LRHL), tanto las que traen su causa de la adaptación de la STC 185/1995, como las que representan simples mejoras técnicas. Para ello, y por razones de pura sistemática, se seguirá la misma estructura que emplea la LRHL, y en consecuencia con ello, la exposición se realizará en torno a las cuestiones siguientes:

— Hecho imponible.

— Sujetos pasivos.

— Cuantía.

— Devengo.

— Gestión.

— Conversión de precios públicos en tasas.

— Entrada en vigor y régimen transitorio.

— Régimen derogatorio.

— Régimen supletorio.

2.2. El hecho imponible

2.2.1. Planteamiento

Es en el ámbito del hecho imponible de las tasas locales donde se pone de manifiesto con toda su intensidad la reforma llevada a cabo por la Ley 25/1998, pues es en la regulación de dicha materia (arts. 20 a 22 LRHL), donde se concentra la modificación esencial que entraña la mencionada reforma.

Tal afirmación no puede sorprender en absoluto, pues según se ha tenido ocasión de exponer en otras partes de esta obra la reforma tiene como finalidad fundamental, aunque no exclusiva, la de integrar en el ámbito de la tasa todos aquellos presupuestos materiales que aparecían configurados hasta ahora como precios públicos y que según la STC 185/1995 daban lugar a la exacción de prestaciones coactivas, esto es, de prestaciones patrimoniales de carácter público.

Ahora bien, al llevar a cabo esa labor *reintegradora* de la tasa, y por lo que al ámbito de la tasa local se refiere específicamente, la reforma ha tenido que tener en cuenta dos circunstancias muy particulares, cuales son:

a) En primer lugar, el hecho cierto de que algunos de los criterios que según el TC configuran exacciones coactivas aparecen formulados en términos muy abstractos que deben ser concretados en cada caso, pudiendo ser que en una situación determinada un presupuesto material pueda configurarse como una exacción voluntaria, mientras que en otra situación ese mismo supuesto deba configurarse como una exacción coactiva.

b) En segundo lugar, que el sometimiento de las tasas locales al principio de reserva de ley (art. 31.3 CE), sometimiento éste que es constitucionalmente exigido según reiterada doctrina del TC, reviste cierto grado de dificultad que no se advierte en el ámbito estatal ni tampoco en el autonómico, y ello por la muy simple razón de que las Entidades locales carecen de potestad legislativa.

Aunque son las dos circunstancias expuestas las que han condicionado la nueva regulación del hecho imponible de las tasas locales, el adecuado y completo análisis de esta materia requiere su exposición en torno a las cuestiones siguientes:

— Supuestos por los que las Entidades locales pueden establecer tasas.

— Supuestos en los que las prestaciones patrimoniales que establezcan las Entidades locales se configuran como tasas.

— Supuestos por los que las Entidades locales no pueden establecer tasas.

— Exenciones a favor de los Entes públicos.

— Compatibilidad de las tasas con las contribuciones especiales.

2.2.2. Supuestos por los que las Entidades locales pueden establecer tasas

Al igual que ha venido sucediendo hasta ahora, el artículo 20 LRHL configura a la tasa local como un tributo de exacción estrictamente potestativa, de forma tal que su establecimiento depende exclusivamente de la voluntad de la Entidad local respectiva, y sólo se puede exigir previo acuerdo expreso de imposición y ordenación.

En principio, y en ese contexto de *voluntariedad,* las Entidades locales, al igual que el Estado y las Comunidades Autónomas, sólo podrían exigir tasas en los supuestos expresamente previstos en la definición del hecho imponible de esta categoría tributaria, esto es, en los supuestos previstos en la definición contenida en el artículo 26.1,a) LGT (véase V. ANEXO NORMATIVO 2). En función de ello, sólo podría dar lugar a la exacción de tasas locales la utilización privativa o el aprovechamiento especial del dominio público local, así como la prestación de servicios públicos o la realización de actividades administrativas de la competencia local que se refieran, afecten o beneficien de modo particular a los sujetos pasivos, siempre que en el caso de los servicios o actividades concurra alguna de las circunstancias especificadas en el citado artículo 26.1,a) LGT, circunstancias éstas que son las mismas que las especificadas en el párrafo segundo del artículo 20.1 LRHL.

Tal planteamiento inicial no ofrece problema alguno en el caso de los supuestos de utilización privativa o aprovechamiento especial del dominio público local, pues todos estos supuestos, sin excepción alguna, se configuran como tasas, ya que todos ellos entrañan coactividad conforme a lo manifestado por el TC en la STC 185/1995.

Situación bien distinta es la que ofrece, sin embargo, el panorama de la prestación de servicios o la realización de actividades administrativas, supuestos en los que su configuración como tasa depende de la concurrencia o no de circunstancias formuladas muy abstractamente, las cuales pueden o no concretarse en relación a un mismo supuesto según la situación en que éste se encuentre. Así, por ejemplo:

a) Un determinado servicio puede ser imprescindible para la vida privada o social de un ciudadano y no serlo para la de otro; o puede ser imprescindible en un Municipio y no serlo en otro [art. 20.1, segundo párrafo, A), a) LRHL].

b) Un mismo servicio puede estar siendo prestado por el sector privado en un Municipio, mientras que en otro sólo lo presta el Ayuntamiento [art. 20.1, segundo párrafo, A), b) LRHL].

Esta situación de indeterminación general absolutamente inevitable, a la que conduce directamente el pronunciamiento contenido en la STC 185/1995, resulta de muy difícil solución en el ámbito local, por no decir que de imposible solución, máxime desde la perspectiva de una ley estatal de general e inexcusable aplicación a todas las Entidades locales. A ello debe añadirse que aun en supuestos concretos será muy difícil saber cuándo concurren efectivamente las circunstancias especificadas por la ley; y en muchos otros, aun siendo identificadas esas circunstancias, es posible que las mismas varíen de un momento a otro.

En orden a paliar en la medida de lo posible los efectos de esa dinámica, ciertamente endiablada, el párrafo primero del artículo 20.1 LRHL dispone lo siguiente:

Las Entidades locales, en los términos previstos en esta ley, podrán establecer tasas por la utilización privativa o el aprovechamiento especial del dominio público local, así como por la prestación de servicios públicos o la realización de actividades administrativas de competencia local que se refieran, afecten o beneficien de modo particular a los sujetos pasivos.

Con este precepto el legislador amplía de alguna forma el ámbito material del hecho imponible de la tasa [art. 26.1,a) LGT], y faculta a las Entidades locales para que establezcan tasas por supuestos de prestación de servicios o realización de actividades en los que no concurra ninguna de las circunstancias especificadas en la definición legal del mencionado hecho imponible.

Se trata, en definitiva, de una especie de *cláusula de seguridad* a la que pueden acogerse las Entidades locales cuando no tengan certidumbre acerca de la concurrencia efectiva de las circunstancias requeridas por la ley, evitando así que la configuración de un determinado supuesto de hecho como tasa pueda ser impugnado por disconformidad con la definición legal del hecho imponible de la categoría tributaria tasa. Planteada la cuestión en términos más expresivos, podría decirse que a través del precepto que se considera el legislador estatal está lanzando al responsable local el siguiente mensaje: *en caso de duda establezca usted una tasa.*

Lo anterior no obsta para que cuando en la prestación de un servicio o en la realización de una actividad concurra alguna de las circunstancias especificadas en la definición legal del hecho imponible de la tasa, y la Entidad local titular del servicio o actividad desee exigir una contraprestación patrimonial por su prestación o realización, aquélla debe configurarse en todo caso como una tasa.

2.2.3. Supuestos en los que las prestaciones patrimoniales que establezcan las Entidades locales se configuran como tasas

El hecho de que el párrafo primero del artículo 20.1 LRHL faculte a las Entidades locales para establecer tasas por cualquier supuesto de utilización privativa o aprovechamiento especial del dominio público, o por cualquier supuesto de prestación de un servicio o de realización de una actividad administrativa, no significa que la legislación del Régimen Local no deba reflejar adecuadamente el *mandato general del legislador* y respetar la unidad conceptual del sistema tributario recogiendo un concepto de tasa esencialmente coincidente con el establecido en el art. 26.1,a) LGT.

Planteada la cuestión en otros términos, lo que se pretende significar aquí es que el precepto antes citado (art. 20.1, primer párrafo LRHL) no puede interpretarse como una autorización general a las Entidades locales para establecer tasas cuando así lo deseen y cualquier otra prestación (precio público, por ejemplo) en los demás casos. En efecto, el alcance del precepto en cuestión tiene como límite insuperable el conformado por los criterios inspiradores de la reforma, los cuales, en lo que aquí interesa son los dos siguientes:

1º. Todos los elementos del concepto de precio público establecido en 1988-89 que conforme al TC configuraban prestaciones coactivas deben pasar inexcusablemente al ámbito de la tasa.

2º. El concepto de precio público permanece integrado únicamente por los restantes elementos del concepto establecido en 1988-89, esto es, por aquéllos que configuran prestaciones estrictamente voluntarias.

Ambos criterios han tenido que ser articulados expresamente por el nuevo régimen legal de las tasas y precios públicos locales. De esta forma el primero de dichos criterios, que es el que interesa ahora, ha quedado incorporado al párrafo segundo del artículo 20.1 LRHL, mientras que el segundo de ellos ha quedado incorporado al artículo 41 del mismo texto legal.

De todo ello resulta que cuando las Entidades locales establezcan prestaciones patrimoniales por determinados supuestos, aquéllas deben necesariamente configurarse como tasas, siendo ésta la idea central que subyace tras el precepto contenido en el párrafo segundo del artículo 20.1 LRHL. A efectos meramente sistemáticos el citado precepto distingue dos grupos de supuestos distintos, a saber: de un lado la utilización del domino público; y de otro la prestación de servicios o la realización de actividades.

A) La utilización del dominio público

Conforme establece el párrafo segundo del artículo 20.1 LRHL:

En todo caso, tendrán la consideración de tasa las prestaciones patrimoniales que establezcan las Entidades locales por:

A) La utilización privativa o el aprovechamiento especial del dominio público local.

Se trata de un precepto formulado en términos muy absolutos que no prevé excepción alguna, de forma tal que su interpretación a efectos de la delimitación del ámbito de la tasa respecto del precio público no plantea problema alguno ni ofrece dificultad de clase alguna. En realidad, la cuestión es tan sencilla como lo siguiente: toda prestación patrimonial por cualquier supuesto de utilización privativa o aprovechamiento especial del dominio público local debe configurarse como una tasa.

Así, las Entidades locales pueden establecer tasas por cualquier supuesto de utilización privativa o aprovechamiento especial del dominio público local (art. 20.1, primer párrafo LRHL), y toda prestación que establezcan por cualquier supuesto de esa naturaleza ha de configurarse como una tasa [art. 20.1, segundo párrafo A) LRHL].

Este planteamiento resultante del artículo 20.1 LRHL debe ser puesto en relación con el contenido del apartado 3 del mismo artículo, en virtud del cual:

Conforme a lo previsto en el apartado 1 anterior, las Entidades locales podrán establecer tasas por cualquier supuesto de utilización privativa o apro-

vechamiento especial del dominio público local, y en particular por los siguientes:

....

La *entradilla* transcrita va seguida de una larga relación de supuestos de utilización privativa o aprovechamiento especial del dominio público local, respecto de la cual conviene advertir lo siguiente:

1°. La inclusión en la Ley de una relación de supuestos concretos de utilización privativa o aprovechamiento especial del dominio público local no constituye, en absoluto, novedad alguna, pues esa fue precisamente la técnica legislativa que se empleó hasta la LRHL.

2°. No se trata de una relación cerrada de supuestos por los que las Entidades locales pueden establecer tasas, sino de una relación absolutamente abierta tal y como se desprende expresamente de la *entradilla* antes transcrita. Así, las Entidades locales pueden establecer tasas por cualquiera de los supuestos especificados en la relación contenida en el artículo 20.3 LRHL, o por cualquier otro supuesto de utilización privativa o aprovechamiento especial del dominio público local no especificado en dicha relación.

3°. La razón de por qué el nuevo régimen legal de las tasas y precios públicos locales recupera la vieja técnica de la especificación de supuestos concretos en una relación abierta, tiene que ver con un afán especial del legislador por *fortalecer* la efectividad del principio de reserva de ley en esta materia, y ello a la vista de los términos tan drásticos en los que se pronuncia al respecto el TC en la STC 185/1995, sobre todo si dichos términos se proyectan sobre el ámbito local, ámbito éste en el que las Entidades locales carecen de capacidad propia para hacer efectivo ese principio constitucional, pues carecen de potestad legislativa.

En puridad, no sería en absoluto necesaria la inclusión de relación alguna de supuestos, ni abierta ni cerrada, pues parece bastante evidente que la configuración en la ley estatal de la categoría genérica de la tasa local y la regulación, también genérica, de todos sus elementos esenciales, debe ser suficiente como para dar por adecuadamente cumplido el principio de reserva de ley, sobre todo si se tienen en cuenta las particularidades que concurren en la Administración Local, así como la vigencia de los principios de autonomía local (art. 137 CE) y de suficiencia financiera de las Haciendas Locales (art. 142 CE). Sin embargo, es perfectamente comprensible que el legislador desee ser lo más cauteloso posible en esta materia, sobre todo teniendo como precedentes algunos pronunciamientos del TC. Es en este contexto, pues, en el que debe entenderse la inclusión de la relación, inclusión ésta que entraña, en el fondo, un mensaje al TC en el sentido siguiente: *soy tan respetuoso con el principio de reserva de ley que incluso oriento a las Entidades locales acerca de los supuestos concretos por los que pueden establecer tasas.*

Por lo demás, la relación que recoge el artículo 20.3 LRHL contiene supuestos casi idénticos a los que recogían las relaciones que contenía el TRRL, esto es, la normativa inmediatamente anterior a la LRHL.

Sí cabe reseñar aquí como novedad sistemática, que la letra n) del citado artículo 20.3 LRHL recoge como supuesto específico por el que los Ayuntamientos, pueden establecer tasas el estacionamiento de vehículos en las vías públicas municipales, supuesto éste que conforme a la redacción original de la disposición adicional sexta LRHL daba lugar hasta ahora a la posibilidad de exigir el correspondiente precio público.

B) Prestación de servicios o realización de actividades

Conforme establece el párrafo segundo del artículo 20.1 LRHL:

En todo caso, tendrán la consideración de tasa las prestaciones patrimoniales que establezcan las Entidades locales por:

.....

B) La prestación de un servicio público o la realización de una actividad en régimen de Derecho público de competencia local que se refiera, afecte o beneficie de modo particular al sujeto pasivo, cuando se produzca cualquiera de las circunstancias siguientes:

a) Que no sean de solicitud o recepción voluntaria para los administrados. A estos efectos no se considerará voluntaria la solicitud o la recepción por parte de los administrados:

— *Cuando venga impuesta por disposiciones legales o reglamentarias.*

— *Cuando los bienes, servicios o actividades requeridos sean imprescindibles para la vida social o privada del solicitante.*

b) Que no se presten o realicen por el sector privado, esté o no establecida su reserva a favor del sector público conforme a la normativa vigente.

Además, el apartado 2 del mismo artículo 20 añade a título aclaratorio que:

Se entenderá que la actividad administrativa o servicio afecta o se refiere al sujeto pasivo cuando haya sido motivado directa o indirectamente por el mismo en razón de que sus actuaciones u omisiones obliguen a las Entidades locales a realizar de oficio actividades o a prestar servicios por razones de seguridad, salubridad, de abastecimiento de la población o de orden urbanístico, o cualesquiera otras.

A diferencia de lo que sucede con los supuestos de utilización privativa o aprovechamiento especial del dominio público local [art. 20.1, segundo párrafo, A) LRHL], la configuración legal como tasa de los supuestos de prestación de servicios públicos o realización de actividades administrativas, que lleva a cabo el precepto antes transcrito [art. 20.1, segundo párrafo, B) LRHL], sí plantea importantes problemas de interpretación cara a su delimitación respecto del ámbito de los precios públicos (art. 41 LRHL).

En realidad, es precisamente esa letra B) del párrafo segundo del artículo 20.1 LRHL el precepto que encierra toda la complejidad conceptual de la nueva configuración legal de la tasa local, complejidad ésta que trae su causa de la voluntad del legislador de reintegrar al ámbito de la categoría tributaria de referencia todos los presupuestos de hecho que conforme al TC (STC 185/1995) dan lugar a la exacción de prestaciones coactivas, manteniendo, a su vez, la categoría financiera de los precios públicos como categoría residual respecto de esa nueva concepción de la tasa.

En esencia, y a la vista del precepto que se considera [art. 20.1, segundo párrafo B) LRHL], la prestación patrimonial que se establezca por la prestación de un servicio público o la realización de una actividad administrativa que se refiera, afecte o beneficie de modo particular al sujeto pasivo, ha de configurarse como tasa cuando concurra alguna de las circunstancias siguientes:

— Que la prestación del servicio o la realización de la actividad venga impuesta por disposición legal o reglamentaria.

— Cuando el bien, servicio o actividad requerido sea imprescindible para la vida social o privada del solicitante.

— Cuando el servicio o actividad no sea prestado o realizada por el sector privado, esté o no establecida su reserva a favor del sector público conforme a la normativa vigente.

a) La primera circunstancia cuya concurrencia determina la configuración de la prestación patrimonial como tasa aparece formulada en términos suficientemente objetivos, de forma tal que la determinación de su concurrencia o no en cada caso concreto no debe plantear problemas especiales. Así, siempre que se preste un servicio o se realice una actividad por imposición de una norma legal o reglamentaria, ha de entenderse que no existe voluntariedad alguna en la solicitud o recepción de ese servicio por parte del sujeto pasivo, y en consecuencia con ello, y con independencia de cualquier otra circunstancia, la prestación patrimonial que se establezca ha de configurarse como una tasa.

b) Muchos más problemas plantea, sin embargo, la segunda de las circunstancias antes reseñadas cuya concurrencia determina la configuración de la prestación patrimonial como tasa. Resulta, en efecto, sumamente difícil determinar cuándo un concreto bien, servicio o actividad tiene la consideración de *imprescindible* para la vida social o privada del solicitante, esto es del sujeto pasivo.

Se está, en realidad, ante el gran escollo que el TC ha puesto en el proceso de desarrollo y articulación de su pronunciamiento contenido en la STC 185/1995, pues el planteamiento que subyace tras la construcción de esta circunstancia como determinante del carácter coactivo de la prestación patrimonial es más o menos el siguiente:

— En estos supuestos es irrelevante que el bien, servicio o actividad haya sido requerido voluntariamente por el sujeto pasivo.

— La voluntariedad formal que pueda haber concurrido en la solicitud, queda *neutralizada* por la consideración del bien, servicio o actividad demandado como imprescindible para la vida social o privada del solicitante.

— No es posible establecer un concepto general de bien, servicio o actividad imprescindible para la vida social o privada de los ciudadanos.

Siendo esto así, se está ciertamente ante una situación de indeterminación absoluta que en el mejor de los casos sólo podrá concretarse, esto es determinarse, en el ámbito específico de cada supuesto material; en el ámbito específico de cada supuesto material en relación a un lugar concreto (Municipio); o en el ámbito específico de cada supuesto material en relación a una persona concreta o grupo de personas concreto. A su vez, el carácter imprescindible del bien, servicio o actividad en cada una de las situaciones descritas puede variar con el tiempo, de forma tal que lo que hoy es imprescindible mañana puede dejar de serlo.

Todo ello redunda en una gran inseguridad para el Ente público, Entidad local en este caso, que ha de establecer y configurar la prestación patrimonial correspondiente, pues salvo en actuaciones de gran evidencia la imprescindibilidad de muchos servicios y actividades siempre podrá ser invocada con mayor o menor acierto.

Es por ello por lo que el legislador, consciente de las dificultades del caso, ha *abierto* la posibilidad establecida en el párrafo primero del artículo 20.1 LRHL, posibilidad ésta suficientemente analizada en el apartado 2.2.2 anterior.

c) Por lo que se refiere a la tercera de las circunstancias determinantes de la configuración de la prestación patrimonial como tasa, en principio no debe ofrecer excesivas dificultades conocer cuándo un servicio o actividad se está prestando o realizando efectivamente por el sector privado, y cuándo no. Esta es la cuestión en efecto: a la Ley no le interesa que el servicio o actividad sea susceptible o no de ser prestado o realizada por el sector privado, es decir que la Ley prescinde de la circunstancia de que esté o no establecida su reserva a favor del sector público conforme a la normativa vigente.

En realidad, a estos efectos lo único que le interesa a la Ley es saber si en la prestación del servicio o en la realización de la actividad el sector público (Entidad local) entra o no en concurrencia efectiva con el sector privado. En el primer caso, cuando tal concurrencia existe, no se produce la circunstancia prevista por la Ley. En el segundo caso, cuando no hay concurrencia, esto es, cuando el servicio o la actividad no está siendo prestado o realizada también por el sector privado, entonces sí se produce la circunstancia prevista por la Ley.

En el ámbito de esta tercera circunstancia, las dificultades para las Entidades locales pueden provenir de la variabilidad de los elementos que la integran. Así, es posible que en un momento determinado un servicio o actividad se está prestando o realizando en concurrencia con el sector privado, y que en un momento posterior dicho sector pase a prestar el servicio o realizar la actividad. En el primer caso la Entidad local podrá establecer inicialmente un precio público que posteriormente tendrá que transformar en tasa, mientras que en el segundo caso podrá transformar en precio público la prestación patrimonial configurada inicialmente como tasa.

Pues bien, en orden a paliar la inseguridad que tales alteraciones pueden generar, el legislador de 1998 ha establecido la previsión regulada en el párrafo primero del artículo 20.1 LRHL, previsión ésta que ha sido suficientemente analizada en el apartado 2.2.2 anterior.

Analizado así el tratamiento que el artículo 20.1 LRHL da a la materia constituida por la prestación de servicios o la realización de actividades, resulta:

1º. Que las Entidades locales pueden establecer tasas por cualquier supuesto de prestación de servicios o realización de actividades administrativas (art. 20.1, primer párrafo LRHL).

2º. Cuando las Entidades locales establezcan prestaciones patrimoniales por la prestación de servicios públicos o la realización de actividades administrativas, que vengan impuestas por disposiciones legales o reglamentarias, que sean imprescindible para la vida social o privada del sujeto pasivo o que no se presten o realicen por el sector privado, dichas prestaciones patrimoniales deberán configurarse como tasas [art. 20.1, segundo párrafo, B) LRHL].

Este planteamiento resultante del artículo 20.1 LRHL debe ser puesto en relación con el contenido del apartado 4 del mismo artículo, en virtud del cual:

Conforme a lo previsto en el apartado 1 anterior, las Entidades locales podrán establecer tasas por cualquier supuesto de prestación de servicios o de realización de actividades administrativas de competencia local, y en particular por los siguientes:

.....

Al igual que sucede en el caso de la utilización privativa o el aprovechamiento especial del dominio público (art. 20.3 LRHL), esta *entradilla* transcrita va seguida de una larga relación de supuestos de prestación de servicios o realización de actividades administrativas respecto de la cual cabe dar por reproducidas aquí las mismas advertencias que las formuladas en el apartado A) anterior al comentar el citado apartado 3 del artículo 20 LRHL. Así, también en este caso la inclusión de la relación en el apartado 4 del artículo 20 LRHL obedece al interés del legislador en reforzar la *cobertura* del principio de reserva de ley tan rotundamente exigido por el TC en su STC 185/1995.

La incorporación a la Ley de la relación no significa, sin embargo, que cuando una Entidad local establezca una prestación patrimonial por alguno de los supuestos especificados en aquélla tal prestación debe configurarse necesariamente como una tasa. No: dicha configuración como tasa sólo será precisa cuando en el supuesto de que se trate concurra alguna de las circunstancias indicadas en la letra B) del párrafo segundo del artículo 20.1 LRHL, esté dicho supuesto específicamente contemplado o no en la relación contenida en el párrafo 4 del mismo artículo. A *sensu contrario*, cuando en el supuesto de que se trate no concurra ninguna de dichas circunstancias [art. 20.1, segundo párrafo, B) LRHL], la Entidad local podrá establecer una tasa si así lo desea (art. 20.1, primer párrafo LRHL), o un precio público (art. 41 LRHL).

Por lo demás, y al igual que sucede en el caso de la utilización privativa o el aprovechamiento especial del dominio público local (art. 20.3 LRHL), la relación que recoge el artículo 20.4 LRHL contiene supuestos de prestación de servicios o realización de actividades casi idénticas a los que contenían las relaciones que recogía el TRRL, esto es la normativa inmediatamente anterior a la LRHL.

También aquí cabe destacar como *novedad sistemática* más significativa que la letra z) del artículo 20.4 LRHL recoge como supuesto específico por el que los Ayuntamientos pueden establecer tasas la realización de actuaciones singulares de ordenación y regulación del tráfico urbano, supuesto éste que hasta ahora venía especificado en la disposición adicional sexta LRHL.

2.2.4. Supuestos por los que las Entidades locales no pueden establecer tasas

En su redacción original el artículo 21 LRHL contenía una relación cerrada de supuestos por los que las Entidades locales no podían establecer tasas (véase art. 21 LRHL: V ANEXO NORMATIVO 1).

Ahora, tras la nueva redacción dada por la Ley 25/1998 al citado artículo 21 LRHL la misma relación de supuestos pasa a integrar el apartado 1 de dicho artículo 21.

La única diferencia entre la relación antigua y la nueva se advierte en la letra f) de la misma: así, en la redacción original dicha letra f) aludía a la *enseñanza en los niveles de educación preescolar y educación general básica, mientras que la nueva redacción alude a enseñanza en los niveles de educación obligatoria.*

Por lo demás, no existe diferencia alguna entre uno (art. 21 LRHL antiguo) y otro (art. 21.1 LRHL nuevo) preceptos, permaneciendo vigente, incluso, la proyección material del alcance de la prohibición que encierra la norma que se considera al ámbito de los precios públicos, proyección ésta que continúa instrumentándose en el artículo 42 LRHL.

2.2.5. Exenciones a favor de los Entes públicos

En su nueva redacción dada por la Ley 25/1998 el apartado 2 del artículo 21 LRHL dispone que: *El Estado, las Comunidades Autónomas y las Entidades locales no estarán obligadas al pago de las tasas por utilización privativa o aprovechamiento especial del dominio público, por los aprovechamientos inherentes a los servicios públicos de comunicaciones que exploten directamente y por todos los que inmediatamente interesen a la seguridad ciudadana o a la defensa nacional.*

El precepto transcrito tiene su antecedente inmediato en el artículo 43 LRHL, pues en el régimen anterior a la Ley 25/1998 los supuestos a que el mismo se refiere daban lugar a la exacción de precios públicos, mientras que en el régimen establecido por la citada ley dichos supuestos dan lugar a la exacción de tasas.

Se trata, pues, de un mero *ajuste sistemático* derivado de la reordenación conceptual operada por la Ley 25/1998 en el ámbito de las tasas y en el de los precios públicos. Por lo demás, el actual artículo 21.2 LRHL (antiguo art. 43 LRHL) configura un conjunto de supuestos de exención del pago de las tasas, que coinciden sustancialmente con los supuestos de exoneración del pago de precios públicos que venía regulando hasta ahora el artículo 43 LRHL. En realidad, las únicas diferencias entre uno y otro precepto son las siguientes:

a) El actual artículo 21.2 LRHL establece la exención respecto del *Estado, las Comunidades Autónomas y las Entidades locales*, mientras que el antiguo artículo 43 LRHL refería la exoneración de pago a las *Administraciones Públicas*. Obviamente, la nueva formulación es más técnica y precisa que la anterior.

b) El ámbito material de la antigua exoneración de pago de los precios públicos estaba integrado por los *aprovechamientos inherentes a...*, mientras que el ámbito material de la actual exención está constituido por *la utilización privativa o el aprovechamiento especial del dominio público por los aprovechamientos inherentes...* Se está, también en este caso, ante una mejora técnica con la que se pretende aclarar que la exención opera en relación a cualquier tasa que se establezca por la utilización privativa o el aprovechamiento especial del dominio público cuando tal utilización o aprovechamiento tenga su origen en la explotación de servicios públicos de comunicaciones, en la seguridad ciudadana o en la defensa nacional.

2.2.6. Compatibilidad de las tasas con las contribuciones especiales

El régimen de compatibilidad de las tasas con las contribuciones especiales contenido hasta ahora en el artículo 22 LRHL, se mantiene en ese mismo artículo y no experimenta modificación alguna, ni la más mínima, por parte de la Ley 25/1998.

2.3. Los sujetos pasivos

2.3.1. Planteamiento

Cabe afirmar sin miedo a equivocación alguna que en la estructuración del elemento personal de la tasa llevada a cabo por la Ley 25/1998 no hay ninguna diferencia esencial respecto de los términos conjuntos en los que la LRHL ha venido estructurando hasta ahora el mencionado elemento personal de la tasa y del precio público.

Dicho de otra forma, las novedades que ofrece la redacción dada al artículo 23 LRHL por la citada Ley 25/1998 traen su causa fundamentalmente de la nueva configuración conceptual de la tasa, y muy particularmente de la integración en el ámbito material de ésta de los supuestos de utilización privativa o aprovechamiento especial del dominio público.

Por lo demás, la LRHL continúa dedicando su artículo 23 a la regulación de los sujetos pasivos de las tasas, distinguiendo entre sujetos pasivos a título de contribuyentes, por un lado, y sustitutos del contribuyente, por otro.

2.3.2. Sujetos pasivos contribuyentes

Al regular esta materia relativa a los sujetos pasivos de las tasas a título de contribuyentes la nueva redacción dada al artículo 23.1 LRHL tiene que contemplar necesariamente las dos clases de supuestos que vuelven a integrar el ámbito material de esa categoría tributaria, esto es, los supuestos de utilización privativa o aprovechamiento especial del dominio público, y los supuestos de prestación de servicios públicos o realización de actividades administrativas.

A) La utilización privativa o el aprovechamiento especial del dominio público

Conforme establece el artículo 23.1 LRHL en su letra a) *son sujetos pasivos de las tasas, en concepto de contribuyentes, las personas físicas y jurídicas así como las entidades a que se refiere el artículo 33 de la Ley General Tributaria: que disfruten, utilicen o aprovechen especialmente el dominio público en beneficio particular, conforme a alguno de los supuestos previstos en el artículo 20.3 de esta ley.*

Si se compara este precepto con el que se contenía hasta ahora en el inciso inicial del artículo 44 LRHL (véase Nota al art. 44 LRHL: V ANEXO NORMATIVO 1.), se podrá advertir que se está ante formulaciones idénticas. En consecuencia con ello cabe afirmar que las personas físicas o jurídicas, y las entidades carentes de personalidad jurídica, que venían estando hasta ahora obligadas al pago de precios públicos por la utilización privativa o el aprovechamiento especial del dominio público local, son las mismas que se configuran ahora como sujetos pasivos contribuyentes de las tasas por los mismos supuestos.

La única diferencia aparente entre el actual artículo 23.1,a) LRHL y el antiguo artículo 44 de la misma Ley en su inciso inicial, consiste en que aquél refiere la condición de sujeto pasivo contribuyente a *alguno de los supuestos previstos en el artículo 20.3 de esta Ley*. Sin embargo, tal referencia nada añade a la configuración del sujeto pasivo contribuyente, pues según se ha tenido ocasión de exponer anteriormente los supuestos de utilización privativa o aprovechamiento especial de dominio público local recogidos en el artículo 20.3 LRHL son todos los posibles, y la relación abierta contenida en el citado artículo sólo cumple una función de fortalecimiento de la efectividad del principio de reserva de ley en materia de tasas locales (véase el apartado 2.2.3. anterior).

B) La prestación de servicios o realización de actividades administrativas

Según establece el artículo 23.1 LRHL en su letra b) *son sujetos pasivos de las tasas, en concepto de contribuyentes, las personas físicas y jurídicas así como las entidades a que se refiere el artículo 33 de la Ley General Tributaria: que soliciten o resulten beneficiadas o afectadas por los servicios o actividades locales que presten o realicen las Entidades locales, conforme a alguno de los supuestos previstos en el artículo 20.4 de esta Ley.*

También aquí se está ante una formulación esencialmente idéntica a la hasta ahora contenida en la antigua redacción del artículo 23.1 LRHL y del segundo inciso del artículo 44 del mismo texto legal. En función de ello, el elemento personal de la nueva articulación de la tasa local se configura en términos idénticos a como se configuraba en el ámbito de la antigua construcción, bien entendido que la *materialidad* de aquel ámbito es mucho más amplia que la de éste.

Por lo demás, también aquí se advierte la misma diferencia aparente que en el caso de los sujetos pasivos por utilización privativa o aprovechamiento especial del dominio público [art. 23.1,a) LRHL], pues también la letra b) del artículo 23.1 LRHL refiere la condición de sujeto pasivo contribuyente de las tasas por prestación de servicios o realización de actividades a los *supuestos previstos en el artículo 23.4 de esta Ley.* Pues bien, esta diferencia, más aparente que real, se explica en función de circunstancias idénticas a las expuestas en la letra B) anterior, las cuales se dan aquí por reproducidas.

2.3.3. Sustitutos del contribuyente

En su apartado 2 el artículo 23 LRHL continúa regulando distintos supuestos en los que la obligación del pago de las tasas correspondientes se establece a cargo del sustituto del contribuyente. Desde un punto de vista conceptual tal regulación no ofrece diferencia alguna respecto de la hasta ahora establecida en el mismo artículo 23.2 LRHL.

En cuanto a los supuestos concretos que incorpora la nueva regulación, éstos son básicamente los mismos que los previstos en la normativa anterior, con alguna diferencia y alguna novedad. Así:

a) El artículo 23.2 contempla en su letra a) como primer supuesto de *sustitución* las tasas por servicios o actividades que beneficien o afecten a los ocupantes de viviendas o locales. En relación a este supuesto no hay diferencia ni novedad alguna respecto de la normativa anterior.

b) El artículo 23.2 LRHL contempla en su letra b) como segundo supuesto de *sustitución* las tasas establecidas por el otorgamiento de licencias urbanísticas.

En la regulación de este supuesto la única diferencia que se advierte respecto de la normativa anterior es de técnica legislativa, pues en vez de referirse al precepto concreto de la normativa estatal donde se regulan las licencias urbanísticas, se refiere a las licencias urbanísticas *previstas en la normativa sobre suelo y ordenación urbana*. Con este cambio de técnica legislativa sólo se pretende dotar de mayor estabilidad al precepto, sobre todo teniendo en cuenta la gran inestabilidad en la que se ha desenvuelto a lo largo de los últimos años la legislación sobre suelo y ordenación urbana.

c) El artículo 23.2 LRHL regula en su letra c) como tercer supuesto de *sustitución* las tasas establecidas por la prestación del servicio de prevención y extinción de incendios, de prevención de ruinas, construcciones y derribos, salvamentos y, en general, de protección de personas y bienes, comprendiéndose también el mantenimiento del servicio. Este supuesto se corresponde con el que regulaba hasta ahora el mismo artículo 23.2,c) LRHL, el cual sólo se refería, sin embargo, a tasas establecidas por la prestación de servicios de *prevención y extinción de incendios* (véase la Nota al art. 23 LRHL: V ANEXO NORMATIVO 1.). Así, la comparación entre una y otra regulación permite constatar las siguientes diferencias:

1ª. El nuevo supuesto alcanza también a las tasas establecidas por la prestación de servicios de *prevención de ruinas, construcciones y derribos, salvamentos y, en general, de protección de personas.*

2ª. El supuesto alcanza también a las tasas que se establezcan por el *mantenimiento* de todos esos servicios y, en general, de, obviamente, los de prevención y extinción de incendios.

En consecuencia con ello, pasan a tener la consideración de sustitutos del contribuyente las Empresas o Sociedades aseguradoras de los riesgos correspondientes a todos los supuestos indicados por los que las Entidades locales pueden establecer las tasas respectivas.

d) El artículo 23.2 LRHL regula en su letra d) como cuarto y último supuesto de *sustitución* las tasas establecidas por utilización privativa o aprovechamiento especial por entradas de vehículos y carruajes a través de las aceras y por su construcción, mantenimiento, modificación o supresión.

Se trata de un supuesto de sustitución creado *ex novo* por la Ley 25/1998 que carecía de antecedentes en la normativa anterior. Pues bien, en todos estos casos se configura como sustitutos del contribuyente a los propietarios de las fincas y locales a que den acceso las respectivas entradas de vehículos, quienes podrán repercutir, en su caso, las cuotas sobre los respectivos beneficiarios.

Así, la repercusión de las cuotas por los propietarios sobre los beneficiarios de la utilización o aprovechamiento (arrendatarios, usufructuarios, ... de las fincas o locales con derecho a acceder con sus vehículos a través de las entradas) dependerá de las dos circunstancias siguientes:

1ª. De la voluntad del propietario, pues la repercusión aparece formulada en términos potestativos.

2ª. De que no exista ninguna circunstancia contractual, o de otro tipo, que impida la repercusión.

2.4. La cuantía

2.4.1. Planteamiento

Según se ha tenido ocasión de exponer en otros epígrafes y apartados de esta obra, una de las razones que motivaron al legislador de 1988-89 a crear la categoría de los precios públicos y a integrar en su ámbito gran parte de los presupuestos materiales que constituían hasta entonces el hecho imponible de las tasas, no fue otra que la de eludir el efecto esencial del principio de equivalencia, principio éste informador del régimen de cuantificación de las tasas, permitiendo así que los Entes públicos pudieran obtener *beneficios* en la prestación de determinados servicios públicos o en la realización de determinadas actividades administrativas.

En principio, tal posibilidad debería desaparecer al reintegrar el legislador de 1998 la mayor parte de esos presupuestos materiales al ámbito de la tasa, pues no existe razón aparente ahora para entender que el principio de equivalencia ha dejado súbitamente de informar el régimen de cuantificación de las mencionadas tasas. Sin embargo, este último planteamiento no *sintoniza* con intereses recaudatorios generados desde 1988-89, y es por ello por lo que la Ley 25/1998 introduce importantes modificaciones en esta materia.

Además, también se han operado importantes modificaciones en el ámbito de la cuantificación de las tasas por utilización privativa o aprovechamiento especial del dominio público, y ello no sólo debido a razones de orden *sistemático* derivadas de la reintegración de ese tipo de presupuestos materiales al ámbito de la tasa.

Así, y teniendo en cuenta la dualidad de regímenes de cuantificación de las tasas, procede considerar en primer lugar el propio de las tasas por utilización privativa o aprovechamiento especial del dominio público, y a continuación el propio de las tasas por la prestación de servicios públicos o la realización de actividades administrativas.

2.4.2. Cuantía de las tasas por utilización privativa o aprovechamiento especial del dominio público

Hasta ahora y desde 1988-89 todos los supuestos de utilización privativa o aprovechamiento especial del dominio público integraban el ámbito de los precios públicos, y su régimen de cuantificación se contenía en los artículos 45 y 46 LRHL.

Como consecuencia de la reforma llevada a cabo por la Ley 25/1998 todos esos supuestos vuelven de nuevo al ámbito de la tasa, y su régimen de cuantificación pasa a contenerse en los artículos 24 y 25 LRHL.

En general, el *nuevo régimen* de cuantificación de las tasas por utilización privativa o aprovechamiento especial del dominio público guarda una estructura muy similar a la del régimen que ha estado vigente hasta ahora, pudiéndose distinguir, a efectos de su exposición, un régimen general, por un lado, y otro especial que hace referencia exclusiva al denominado *precio público del 1'5 por 100.*

A) Régimen general

Aunque el criterio básico para fijar la cuantía de las tasas por utilización privativa o aprovechamiento especial del dominio público continúa siendo esencialmente el mismo, el artículo 24.1 LRHL regula ahora esta materia con mucha más precisión. Así, el párrafo primero del precepto citado dispone que el importe de las tasas que se consideran se fija tomando como referencia el valor que tendría en el mercado la utilidad derivada de la utilización privativa o aprovechamiento especial si los bienes no fuesen de dominio público.

Con esta formulación, que no conduce al *valor de mercado*, sino al *valor que tendrían en el mercado*, la Ley 25/1998 introduce una gran dosis de flexibilidad a la hora de buscar por parte de las Entidades locales un referente conforme al cual fijar el importe de este tipo de tasas.

Más aún, el inciso segundo del mismo párrafo primero del artículo 24.1 LRHL abre la vía reglamentaria, a través de las Ordenanzas fiscales, a la posibilidad de fijar en éstas los criterios y parámetros que determinen en cada caso lo que ha de entenderse por valor de mercado de la utilidad derivada del supuesto de utilización privativa o aprovechamiento especial de que se trate.

Con ello, el legislador de 1998 introduce importantes elementos de seguridad jurídica en el proceso de fijación de la cuantía de estas tasas, a la vez que deja en manos de las Entidades locales la efectividad de esa seguridad jurídica a través de las Ordenanzas fiscales.

En aras de esa misma seguridad jurídica que ha buscado la Ley 25/1998, el párrafo segundo del mismo artículo 24.1 LRHL pretende resolver un problema muy concreto de determinados supuestos en los que se utilizan procedimientos de licitación pública; para estos casos dispone el precepto citado que el importe de las tasas correspondientes vendrá determinado por el valor económico de la proposición sobre la que recaiga la concesión, autorización o adjudicación.

Por lo demás, y salvo las diferencias hasta aquí señaladas, el régimen general de la cuantificación de las tasas por utilización privativa o aprovechamiento especial del dominio público local en nada sustancial varía respecto del hasta ahora vigente en el ámbito de los precios públicos.

B) Régimen especial: la tasa del 1,5 por 100

El hasta ahora conocido coloquialmente como precio público del 1,5 por 100, que venía regulado en el párrafo segundo del artículo 45.2 LRHL, y que encerraba los supuestos de utilización privativa o aprovechamientos especiales constituidos en el suelo, subsuelo o vuelo de las vías públicas municipales a favor de determinadas Empresas suministradoras de servicios, se transforma, obviamente, en tasa y pasa a tener su *regulación especial* en el párrafo tercero del artículo 24.1 del mismo texto legal.

Este último precepto (art. 24.1, párrafo tercero LRHL) consta de dos incisos, el primero de los cuales reproduce literalmente el contenido del *antiguo* artículo 45.2, segundo párrafo LRHL. Ello significa, en definitiva, que no existe diferencia alguna entre el régimen que se ha venido aplicando hasta ahora en el ámbito de los precios públicos, y el que habrá de aplicarse a partir de la Ley 25/1998 en el ámbito de las tasas.

Sin embargo, ya en el ámbito del precio público se suscitó una importante discusión en torno a la compatibilidad del precio público que se contempla con otros precios públicos por utilización privativa o aprovechamiento especial del dominio público, así como con otros precios públicos o tasas por la prestación de servicios o la realización de actividades administrativas.

Pues bien, la discusión quedó resuelta a favor de la incompatibilidad del precio público de referencia con cualquier otro precio público por utilización privativa o aprovechamiento especial del dominio público, pero nada impide la compatibilización de aquél con otras *exacciones* por prestación de servicios o realización de actividades administrativas. Es precisamente esta última idea la que subyace tras el último inciso del párrafo tercero del artículo 24.1 LRHL, el cual constituye una creación *ex novo* de la Ley 25/1998, inciso ése en virtud del cual se aclara la compatibilidad de la ahora *tasa del uno y medio por cien* con cualquier otra tasa de la que sean sujetos pasivos las Empresas de servicios afectadas y que sean exigibles por la prestación de servicios o la realización de actividades administrativas.

2.4.3. Cuantía de las tasas por prestación de servicios o realización de actividades

Según se ha tenido ocasión de exponer reiteradamente a lo largo de esta obra, y muy particularmente en el apartado 2.4.1. anterior, una de las modificaciones más importantes introducidas por la Ley 25/1998 en el régimen legal de las tasas y precios públicos locales se advierte en el régimen de cuantificación de las tasas, y más concretamente en el régimen de cuantificación de las tasas por prestación de servicios o realización de actividades administrativas.

Como también se ha tenido ocasión de exponer, el nuevo régimen de cuantificación de las tasas de referencia tiene su razón de ser en la conveniencia, más que en la necesidad, de *neutralizar* el principio de equivalencia que tradicionalmente ha informado la regulación de esta materia, y ello con el fin de permitir a las Entidades locales continuar obteniendo *ingresos adicionales*, por encima del coste del servicio o actividad, en el proceso de prestación de determinados servicios o de realización de determinadas actividades que hasta ahora y desde 1988 daban lugar a la exacción de precios públicos.

Sin embargo, en la nueva regulación de esta materia que se contiene en el párrafo 2 del artículo 24 LRHL, la antes referida *neutralización del principio de equivalencia*, entendiendo por tal principio en sus términos más sencillos que el importe de la tasa no puede exceder del coste del servicio o actividad correspondiente, no se formula expresa y directamente, sino que debe deducirse de la mencionada regulación.

Así, el citado precepto (art. 24.2 LRHL) comienza por disponer en su párrafo primero como regla general que el importe de las tasas por la prestación de servicios o la realización de actividades no puede exceder del coste real o previsible del servicio o actividad correspondiente, o del valor de la prestación recibida. Como puede apreciarse, esta formulación expresa con precisión y sin alteración alguna la esencia del principio de equivalencia tradicionalmente inspirador del régimen de cuantificación de las tasas que se consideran.

Ahora bien, el precepto en el que se contiene la formulación anterior, esto es, el párrafo primero del artículo 24.2 LRHL, dispone que la misma es *en general, y con arreglo a lo previsto en el párrafo siguiente,* lo que significa:

1°. Que la obligación de mantener la efectividad del principio de equivalencia no es absoluta, sino relativa, pues admite excepciones: así, *en general.*

2º. Que tal obligación se hace efectiva en todo caso conforme a lo previsto en el *párrafo siguiente*, esto es, en el párrafo segundo del artículo 24.2 LRHL.

Remitida así la cuestión al precepto últimamente citado, el mismo dispone que para determinar el importe de la tasa, no el coste del servicio o actividad, se tomarán en consideración:

1º. Los costes directos e indirectos del servicio o actividad, inclusive los de carácter financiero.

2º. La amortización del inmovilizado.

3º. En su caso, los costes necesarios para garantizar el mantenimiento y desarrollo razonable del servicio o actividad.

Al poner lo anterior en relación con la antigua redacción del artículo 24.1 LRHL (véase la Nota al art. 24 LRHL: V ANEXO NORMATIVO 1.), resultan las dos diferencias fundamentales siguientes:

a) En el antiguo régimen de cuantificación el anterior artículo 24.1 LRHL se refería a las partidas que se debían tomar en consideración para determinar *el coste del servicio o actividad.* En el nuevo régimen el párrafo segundo del actual artículo 24.2 LRHL se refiere a las partidas que deben ser consideradas para determinar el *importe de la tasa.*

b) En el nuevo régimen, además de contemplar como partidas integrantes del importe de la tasa, las que se contemplaban hasta ahora como integrantes del coste del servicio o actividad, esto es, todos los gastos directos e indirectos, incluso los financieros, y la amortización del inmovilizado, se contempla también como partida integrante del referido importe de la tasa los costes necesarios para mantener el funcionamiento y un desarrollo razonable del servicio o actividad.

Es, pues, esta partida denominada *costes necesarios para garantizar el funcionamiento y un desarrollo adecuado del servicio o actividad* la que representa, al menos en el espíritu del legislador, la neutralización del principio de equivalencia, pues dicha partida supone aritméticamente una cantidad adicional al coste de dicho servicio o actividad, de forma tal que la suma de ambas integra el importe de la tasa.

Con independencia de la cobertura legal que la Ley 25/1998 presta a la neutralización del principio de equivalencia, la discusión en torno a esta *importantísima novedad debe centrarse en el valor jurídico* que cabe atribuir a ese principio, y en consecuencia en torno a los efectos jurídicos de su neutralización.

En ese orden de ideas, resulta indiscutible que el principio de equivalencia no aparece consagrado constitucionalmente como uno de los principios informadores del ordenamiento tributario (art. 31.1 CE), ni tampoco se formula en texto legal alguno como principio específicamente constitutivo de la categoría tributaria tasa.

Ello no significa, sin embargo, que no se esté ante un principio constitucionalmente tomado para informar el régimen de cuantificación de las tasas; y del que se puede prescindir en cualquier momento liberando a dicho régimen de cuantificación de todos los límites y condicionantes que de su efectividad se desprenden.

No: en realidad se está ante un principio que se deduce de la construcción esencial de la categoría tributaria constituida por la tasa, y que representa y formaliza la diferencia entre la naturaleza de esta clase de tributo y la de otras clases como, por ejemplo, el impuesto. En efecto: si la tasa busca el beneficio particular y grava exclusivamente al beneficiado, a éste no se le puede exigir por tal concepto más cantidad que el coste de lo que se ha beneficiado, pues de lo contrario el exceso no se destinará a cubrir ese coste, sino a financiar gastos generales. De ser esto así:

1º. La parte del importe de la tasa que excede del coste del servicio o de la actividad no se corresponde con beneficio particular alguno, sino con el beneficio general.

2º. El sujeto pasivo de la tasa no sólo financia su propio beneficio, sino también el beneficio general.

3º. Por la parte de la tasa que financia el beneficio general se está ante una exacción de naturaleza material idéntica a la del impuesto.

4º. Los impuestos han de satisfacerlos, no los beneficiarios de algún servicio o actividad, sino la generalidad de los ciudadanos.

En fin, basten aquí las reflexiones anteriores, pues se está ante un asunto poco meditado aún, y respecto del cual cabe esperar importantes pronunciamientos, jurisprudenciales y de muchas otras clases. De momento lo único cierto es que tras la redacción dada por la Ley 25/1998 al artículo 24 LRHL, la neutralización del principio de equivalencia en los términos expuestos tiene plena cobertura legal.

Por lo demás, el resto del régimen de cuantificación de las tasas por prestación de servicios o realización de actividades administrativas no ofrece diferencia sustancial alguna respecto de la regulación anterior.

2.5. El devengo

Aun cuando los criterios básicos que han inspirado tradicionalmente la configuración del régimen de devengo de las tasas, o de los precios públicos desde 1988-1989, se mantienen casi intactos en la nueva regulación de esta materia introducida en el artículo 26 LRHL por la Ley 25/1998, dicha nueva regulación sí ofrece algunas diferencias importantes, mejoras técnicas en realidad, respecto de la normativa hasta ahora vigente, las cuales merecen ser destacadas aquí.

En realidad, las novedades más importantes giran en torno a las dos cuestiones siguientes: de un lado, la mayor precisión en la fijación del momento del devengo de la tasa, y la atribución a las Entidades locales de competencias para llevar a cabo tal fijación en la Ordenanza fiscal correspondiente; de otro lado, la inserción de elementos de precisión en el régimen de devengo y período impositivo de las tasas periódicas.

a) En cuanto a la primera de las cuestiones reseñadas se refiere, el apartado 1 del artículo 26 LRHL regula dos momentos en los que pueden devengarse las tasas en función de la naturaleza de su hecho imponible, y deja a la Ordenanza fiscal que fije dicho momento en cada caso concreto. Así:

1º. Con carácter general, las tasas se devengan en el momento de iniciarse la utilización privativa o el aprovechamiento especial del dominio público, o de iniciarse la prestación del servicio o la realización de la actividad. Nótese que el legislador identifica el momento del devengo con una situación de hecho, esto es, que se haya iniciado efectivamente la utilización del dominio, por ejemplo, con independencia de que tal utilización haya sido autorizada o no. Además, se mantiene la cláusula tradicional en virtud de la cual las Entidades locales pueden exigir el depósito previo del importe total o parcial de las tasas [art. 26.1,a) LRHL].

2º. En las tasas por actuaciones realizadas o expedientes tramitados previa solicitud del sujeto pasivo, el devengo se produce en el momento de presentar la solicitud correspondiente. En estos casos, no se realizará la actuación, ni se tramitará el expediente mientras no se satisfaga el importe de la tasa [art. 26.1,b) LRHL].

b) En cuanto a la segunda de las cuestiones antes mencionadas, el apartado 2 del artículo 24 LRHL especifica que en las tasas de devengo periódico, que lo serán las que su naturaleza material lo exija, y la respectiva Ordenanza fiscal lo determine, dicho devengo tendrá lugar el 1 de enero de cada año y el período impositivo coincidirá con el año natural salvo en los supuestos de inicio o cese en la utilización privativa, el aprovechamiento especial o el uso del servicio o actividad. En estos casos el período impositivo se ajustará a la circunstancia del inicio o cese y dará lugar al prorrateo de la cuota en los términos que determine la respectiva Ordenanza fiscal.

Conforme, pues, al régimen del devengo periódico de las tasas contenido en el artículo 24.2 LRHL, son dos los aspectos del mismo que han de ser concretados por la Entidad local en la Ordenanza fiscal, a saber:

1°. Cuando se está ante unas tasas de devengo periódico en función de la naturaleza material de su hecho imponible.

2°. Los términos en los que ha de prorratearse la cuota en los supuestos de inicio o cese en la utilización privativa, el aprovechamiento especial o el uso del servicio o actividad. En relación a estos supuestos debe quedar claro que la Ley no deja a la Ordenanza fiscal la potestad de determinar si la cuota de la tasa es prorrateable o no, pues la obligación de prorratear viene impuesta por aquélla: lo que la Ley deja a la Ordenanza fiscal es la regulación de los términos del prorrateo.

Por lo demás, el nuevo régimen del devengo de las tasas se completa con la cláusula tradicional de devolución del importe de aquéllas cuando por causas no imputables al sujeto pasivo, éste no llegara a disfrutar del dominio público o a hacer uso del servicio o actividad (art. 26.3 LRHL), sin que tal cláusula ofrezca novedad alguna respecto de la situación anterior.

2.6. La gestión

También en el nuevo régimen establecido por la Ley 25/1998 la gestión de las tasas se regula en el artículo 27 LRHL. Dicho nuevo régimen consta de dos preceptos, el primero de los cuales reproduce literalmente la anterior redacción del artículo 27 LRHL (art. 27.1 LRHL), mientras que el segundo contiene la novedad en la materia (art. 27.2 LRHL).

En efecto, el apartado 1 del artículo 27 LRHL reproduce el contenido íntegro del antiguo artículo 27, reiterando que las Entidades locales pueden exigir tasas en régimen de autoliquidación, sin introducir novedad alguna en esta materia.

Por su parte, el apartado 2 del mismo artículo 27 LRHL establece como novedad la posibilidad de que las Entidades locales establezcan Convenios de colaboración con entidades, instituciones y organizaciones representativas de los sujetos pasivos de las tasas. Según dispone el precepto en cuestión, dichos convenios pueden tener por fin:

1°. Simplificar el cumplimiento de las obligaciones formales y materiales derivadas de las tasas.

2º. Simplificar los procedimientos de liquidación o recaudación de las tasas.

Conviene advertir que los términos en los que aparece regulada esta materia en el artículo 27.2 LRHL son claramente indicativos de que los convenios a que se refiere el precepto deben insertarse en el ámbito de *la colaboración social en la gestión de los tributos*, sin que su incidencia pueda implicar alteración de las bases o cuotas tributarias.

2.7. Conversión de precios públicos en tasas

En el contexto del nuevo régimen legal de las tasas y precios públicos locales establecido por la Ley 25/1998, es muy posible que las circunstancias en las que en un momento determinado se presta un servicio o realiza una actividad permitan la exacción de un precio público, y que en un momento posterior dichas circunstancias se modifiquen o varíen de forma que si la Entidad local desea continuar exigiendo una exacción, ésta ha de configurarse como tasa.

En general, tal *modificación de las circunstancias* no requiere más trámites que la adopción del acuerdo de imposición de la tasa correspondiente y la aprobación de la oportuna Ordenanza fiscal. El problema se suscita, sin embargo, en el ámbito de los precios públicos y tasas de devengo periódico, pues al sustituir una tasa de esta naturaleza a su correspondiente precio público, lo cierto es que en puridad se está creando un título nuevo (tasa) y, en consecuencia con ello, se está ante bases, cuotas, o bases y cuotas tributarias nuevas. Siendo esto así, y por virtud de lo dispuesto en el artículo 124 LGT, a los trámites antes mencionados debe añadirse la notificación individualizada de dichas nuevas bases o cuotas, o bases y cuotas, a los que hasta entonces eran obligados al pago del precio público, y desde ese momento se convierten en sujetos pasivos de la tasa.

En función de la tasa concreta de que se trate y de la magnitud demográfica de la Entidad local en la que se produzca la situación descrita, el fenómeno de la conversión de un precio público en tasa puede alcanzar a muchos miles, incluso decenas de miles, de sujetos pasivos, lo que suscitaría importantísimos problemas de gestión de semejante conversión.

A fin de evitar esos problemas, la nueva redacción dada por la Ley 25/1998 a la disposición adicional sexta de la LRHL establece en su párrafo primero que no será necesario proceder a la notificación individual exigida por el artículo 124 LGT cuando exista identidad entre el obligado al pago del precio público y el sujeto pasivo de la tasa, y el importe de aquél y la cuota de ésta. Con ello el legislador pretende que el levantamiento de la obligación de notificación individual opere sólo cuando tiene que operar, esto es, cuando se está ante una situación de auténtica sustitución de precio público por tasa, y no cuando aprovechando tal coyuntura se introducen modificaciones adicionales que arrojan como resultado variaciones en el elemento personal y en el cuantitativo de la exacción.

Ahora bien, es frecuente que las exacciones de devengo periódico (tasas o precios públicos) experimenten anualmente incrementos derivados de actualizaciones de carácter general. Pues bien, si tal incremento coincide con la conversión de un precio público en tasa, no se estaría ante una situación de identidad del importe de aquél con la cuota de ésta, lo que haría inaplicable el precepto antes considerado. A fin de evitar tal inaplicación el párrafo segundo de la misma disposición adicional sexta LRHL prevé el supuesto e indica que en tal caso tampoco procede la notificación individual conforme al artículo 124 LGT.

Es evidente que los problemas inherentes a la conversión de precios públicos de devengo periódico en tasas de igual carácter no sólo se van a suscitar a lo largo de la vigencia del nuevo régimen legal de las tasas y precios públicos locales, sino también y muy fundamentalmente al producirse la transición de la situación anterior a la surgida de dicho nuevo régimen. En efecto, a partir del 1 de enero de 1999 muchos precios públicos de devengo periódico deben quedar convertidos en tasas (disp. trans. 2ª.1 Ley 25/1998): por tal motivo, y con idéntico propósito al anteriormente expuesto, el apartado 3 de la disposición transitoria segunda de la Ley 25/1998 recoge un precepto idéntico al contenido en la disposición adicional sexta LRHL.

2.8. Entrada en vigor y régimen transitorio

Según establece expresamente la disposición final cuarta de la Ley 25/1998, ésta entró en vigor el día siguiente al de su publicación en el Boletín Oficial del Estado, esto es el 15 de julio de 1998, pues dicha publicación tuvo lugar el 14 del mismo mes y año.

De no haber previsto la Ley 25/1998 régimen transitorio alguno, las tasas y precios públicos locales deberían estar exigiéndose conforme a su nuevo régimen legal desde la misma fecha de entrada en vigor de aquélla, antes indicada.

Sin embargo, tal posibilidad resulta de todo punto inasumible, pues para poder aplicar el mencionado nuevo régimen legal es absolutamente imprescindible que las Entidades locales adecuen su normativa al mismo, labor ésta que requiere varios meses para su desarrollo.

Es por ello por lo que la Ley 25/1998 habilita un régimen transitorio específico para las tasas y precios públicos locales, el cual se contiene en la disposición transitoria segunda de la citada Ley, y consta de los tres elementos siguientes:

a) En primer lugar, se habilita todo el tiempo comprendido entre la fecha de entrada en vigor de la Ley 25/1998 y el 31 de diciembre de 1998 para que las Entidades locales puedan adecuar sus normas al nuevo régimen legal de las tasas y precios públicos locales (disp. trans. 2ª.1 Ley 25/1998). Ello significa:

(a) Que antes del 1 de enero de 1999 deben estar definitivamente aprobados todos los acuerdos de imposición y ordenación de tasas, e íntegramente publicadas en el Boletín Oficial correspondiente todas las Ordenanzas fiscales reguladoras de tasas, en todos aquellos casos en los que los presupuestos materiales configurados hasta ahora como precios públicos deban configurarse como tasas conforme a la nueva normativa.

(b) Que antes del 1 de enero de 1999 las Entidades locales deben aprobar y publicar los acuerdos que procedan en cada caso, y cuando ello sea necesario, para poder exigir precios públicos conforme al nuevo régimen legal.

Obviamente, durante todo ese período transitorio las Entidades locales pueden continuar exigiendo tasas y precios públicos conforme a la normativa anterior a la Ley 25/1998, aún a pesar de haberse producido la entrada en vigor de esta última (disp. trans. 2ª.1, segundo párrafo Ley 25/1998).

b) Como segundo elemento del régimen transitorio que se considera, el apartado 2 de la disposición transitoria segunda de la Ley 25/1998 recoge una cláusula con vocación más didáctica que de otro tipo, en virtud de la cual se aclara que a pesar de las modificaciones introducidas en el régimen legal de las tasas y precios públicos, las Entidades locales han de exigir aquéllas y éstos conforme a la normativa modificada, esto es, conforme a la normativa anterior, cuando unas y otros se hayan devengado al amparo de la misma.

c) Por último, el apartado 3 de la disposición transitoria segunda de la Ley 25/1998 proyecta en el ámbito transitorio el régimen de conversión de precios públicos en tasas, también regulado con carácter estable en la disposición adicional sexta LRHL, y suficientemente tratado en el apartado 2.7 anterior.

2.9. Régimen derogatorio

Conforme establece la disposición derogatoria única de la Ley 25/1998, a la entrada en vigor de la misma quedan derogadas cuantas disposiciones se opongan a la citada Ley. Respecto de esta materia sólo procede realizar las dos puntualizaciones siguientes:

a) Obviamente, tal derogación no opera durante el período transitorio previsto en la disposición transitoria segunda de la propia Ley 25/1998, pues durante este tiempo la *normativa antigua* reguladora de las tasas y precios públicos locales queda fuera del alcance temporal de la cláusula derogatoria, tal y como prevé expresamente la citada disposición transitoria y la propia disposición derogatoria (véase el apartado 2.8 anterior).

b) La derogación general prevista en la Ley 25/1998 alcanza a todas las disposiciones legales y reglamentarias que se opongan a aquélla. En consecuencia, y desde el 1 de enero de 1999, la derogación alcanza también a todas las Ordenanzas fiscales que desarrollen la normativa anterior y que siendo contrarias a la nueva normativa no hayan sido expresamente derogadas, suprimidas o modificadas.

2.10. Régimen supletorio

En materia de régimen supletorio la Ley 25/1998 no ha introducido modificación alguna, de forma tal que permanece vigente en todos sus términos el apartado 2 del artículo 9 LTPP, en virtud del cual: *la presente Ley se aplicará supletoriamente respecto de la legislación que regula las tasas de las Comunidades Autónomas y las Haciendas Locales.*

3. La modificación del régimen legal de los precios públicos locales

El hasta ahora vigente régimen legal de los precios públicos locales se contenía fundamentalmente en los artículos 41 a 48 LRHL, y su configuración obedecía a los criterios y circunstancias expuestos en los ANTECEDENTES de esta obra (II ANTECEDENTES). Por las razones indicadas en el epígrafe III (EL CONTEXTO DE LA REFORMA: LA STC 185/1995, DE 14 DE DICIEMBRE) y en el apartado 1 anterior, el legislador ha articulado la adaptación de la STC 185/1995 en torno a una reforma legislativa relativamente amplía que implica, entre otros extremos, la modificación del régimen legal de los precios públicos locales, así como el de las tasas de igual naturaleza.

En realidad, la reforma ha operado esencialmente en el ámbito de las tasas locales, pues la mayor parte del esfuerzo del legislador se ha centrado en adaptar el régimen legal de aquéllas al nuevo concepto de la categoría tributaria tasa, el cual, de forma inversa a lo que sucedió en 1988-89, se reintegra a costa de un *vaciamiento* del ámbito material del precio público, categoría financiera ésta que pasa a ocupar un lugar esencialmente residual.

Con ello, la reforma del régimen legal de los precios públicos locales se limita a acomodar dicho régimen legal a los enormes huecos que el *vaciamiento* antes referido deja en el ámbito material del precio público local, y por ende en toda su estructura.

Teniendo en cuenta la finalidad que persigue esta obra, expuesta en su PRESENTACIÓN, la exposición que continúa más adelante se limita a poner de manifiesto las *novedades* introducidas por la Ley 25/1998 en el régimen legal de los precios públicos locales (LRHL), a cuyo fin basta con seguir la estructura que de ese régimen legal ofrecen los artículos 41 a 48 LRHL.

A) Concepto

El concepto de precio público local venía regulado en los artículos 41, 42 y 43 LRHL.

a) En la medida en que la reforma llevada a cabo por la Ley 25/1998 se basa en integrar en el ámbito de las tasas todos los supuestos de utilización privativa o aprovechamiento especial del dominio público, así como todos los supuestos de prestación de servicios o realización de actividades en los que cabe advertir elementos de obligatoriedad conforme a la doctrina del TC sentada en la STC 185/1995, los precios públicos se mantienen como una exacción que pueden establecer las Entidades locales por la prestación de servicios públicos o la realización de actividades administrativas cuando no concurra ninguna de las circunstancias determinantes de esa obligatoriedad, esto es, ninguna de las circunstancias especificadas en la letra B) del artículo 20.1 LRHL.

Esta idea es la que refleja casi literalmente la nueva redacción dada por la Ley 25/1998 al artículo 41 LRHL. En consecuencia con ello, para determinar cuándo una Entidad local puede establecer un precio público es preciso determinar previamente que en la prestación del servicio o realización de la actividad de que se trate no concurre ninguna de las circunstancias antes mencionadas, a cuyo fin cabe remitirse aquí a todo lo manifestado en el apartado 2.2 anterior.

b) El artículo 42 LRHL, en el que se recoge por remisión al artículo 21 LRHL la relación de supuestos por los que no se pueden establecer tasas ni precios públicos, no experimenta modificación alguna por parte de la Ley 25/1998.

c) El artículo 43 LRHL, en el que se recogían ciertos supuestos de exoneración de pago por determinados precios públicos por utilización privativa o aprovechamiento especial del dominio público, y que ahora aparece reformulado en el apartado 2 del artículo 21 LRHL (tasas), ha quedado expresamente derogado por la letra c) de la disposición derogatoria única de la Ley 25/1998.

B) Obligados al pago

La regulación de esta materia, que se contiene en el artículo 44 LRHL, ha quedado reducida a especificar que están obligados al pago de los precios públicos quienes se beneficien de los servicios o actividades por los que se establecen.

C) Cuantía y obligación de pago

En lo que se refiere a la cuantía de los precios públicos, el apartado 1 del artículo 45 LRHL conserva el criterio básico en esta materia, indicando que el importe de aquéllos ha de cubrir como mínimo el coste del servicio prestado o de la actividad realizada. El apartado 2 del mismo artículo 45 también mantiene la cláusula tradicional conforme a la cual cuando existan razones de interés público o análogas, las Entidades locales pueden fijar precios públicos por debajo del importe antes indicado.

En cuanto a la obligación de pago, la Ley 25/1998 da nueva redacción al artículo 46 LRHL en orden a facultar a las Entidades locales a exigir los precios públicos en régimen de autoliquidación, lo que constituye toda una novedad respecto de la situación anterior.

D) Gestión

En este ámbito de la gestión de los precios públicos, entendido en sentido muy amplio, el apartado 1 del artículo 47 LRHL comienza por reiterar que la obligación de pago de aquéllos nace desde que se inicia la prestación del servicio o la realización de la actividad.

También el apartado 2 del mismo artículo 47 conserva la cláusula conforme a la cual, cuando por causa no imputable al obligado al pago del precio público el servicio o la actividad no se desarrolle, procederá la devolución del importe correspondiente.

Por último, el apartado 3, también del artículo 47, continúa disponiendo que las deudas por precios públicos pueden exigirse por el procedimiento administrativo de apremio.

E) Fijación

El régimen de fijación de los precios públicos, contenido hasta ahora en el artículo 48 LRHL, no experimenta la más mínima alteración por parte de la Ley 25/1998, permaneciendo su redacción absolutamente intacta.

F) Conversión de precios públicos en tasas

El régimen especial de la conversión de precios públicos en tasas, regulado con carácter estable en la disposición adicional sexta LRHL, y con carácter transitorio en el apartado 3 de la disposición transitoria segunda de la Ley 25/1998, no ofrece diferencia alguna desde la perspectiva de los precios públicos respecto de la perspectiva de las tasas. Es por ello por lo que cabe dar por reproducido aquí todo lo manifestado en el apartado 2.7 anterior.

G) Entrada en vigor y régimen transitorio

En cuanto a la entrada en vigor del nuevo régimen legal de los precios públicos locales, y por lo que se refiere al régimen transitorio aplicable a esta materia, ambas cuestiones tienen la misma regulación que las tasas, la cual se contiene en la disposición final cuarta y en la disposición transitoria segunda, respectivamente, ambas de la Ley 25/1998. Consiguientemente, es plenamente aplicable aquí todo lo manifestado en el apartado 2.8 anterior.

H) Régimen derogatorio

El régimen derogatorio en materia de precios públicos locales es el mismo que el aplicable en materia de tasas locales, esto es, el resultante de la disposición derogatoria única de la Ley 25/1998. Es por ello por lo que cabe remitirse a lo manifestado en el apartado 2.9 anterior.

I) Régimen supletorio

En materia de régimen supletorio la Ley 25/1998 no ha introducido modificación alguna en la disposición adicional séptima LTPP, la cual permanece vigente en todos sus términos. En su virtud, la normativa contenida en dicha Ley reguladora de los precios públicos es de aplicación supletoria en materia de precios públicos locales.

V

ANEXO NORMATIVO

Sumario

V. ANEXO NORMATIVO

1. Ley 39/1988, de 28 de diciembre, reguladora de las Haciendas Locales

* * *

TÍTULO PRIMERO
Recursos de las Haciendas Locales

CAPÍTULO PRIMERO
Enumeración

* * *

Artículo 2.

1. La Hacienda de las Entidades locales estará constituida por los siguientes recursos:

* * *

b) Los tributos propios clasificados en tasas, contribuciones especiales e impuestos y los recargos exigibles sobre los impuestos de las Comunidades Autónomas o de otras Entidades locales.

* * *

e) Los percibidos en concepto de precios públicos.

* * *

SECCIÓN 3.ª
Tasas

SUBSECCIÓN 1.ª
Hecho imponible

Artículo 20. (1)

1. Las Entidades locales, en los términos previstos en esta Ley, podrán establecer tasas por la utilización privativa o el aprovechamiento especial del domi-

---

(1) Este artículo ha sido redactado por el art. 66 Ley 25/1998. En su redacción original el artículo en cuestión disponía lo siguiente:

nio público local, así como por la prestación de servicios públicos o la realización de actividades administrativas de competencia local que se refieran, afecten o beneficien de modo particular a los sujetos pasivos.

En todo caso, tendrán la consideración de tasas las prestaciones patrimoniales que establezcan las Entidades locales por:

A) La utilización privativa o el aprovechamiento especial del dominio público local.

B) La prestación de un servicio público o la realización de una actividad administrativa en régimen de derecho público de competencia local que se refiera, afecte o beneficie de modo particular al sujeto pasivo, cuando se produzca cualquiera de las circunstancias siguientes:

a) Que no sean de solicitud o recepción voluntaria para los administrados. A estos efectos no se considerará voluntaria la solicitud o la recepción por parte de los administrados:

— Cuando venga impuesta por disposiciones legales o reglamentarias.

— Cuando los bienes, servicios o actividades requeridos sean imprescindibles para la vida privada o social del solicitante.

b) Que no se presten o realicen por el sector privado, esté o no establecida su reserva a favor del sector público conforme a la normativa vigente.

2. Se entenderá que la actividad administrativa o servicio afecta o se refiere al sujeto pasivo cuando haya sido motivado directa o indirectamente por el mismo en razón de que sus actuaciones u omisiones obliguen a las Entidades locales a realizar de oficio actividades o a prestar servicios por razones de seguridad, salubridad, de abastecimiento de la población o de orden urbanístico, o cualesquiera otras.

«Artículo 20.

1. Constituye el hecho imponible de las tasas la prestación de un servicio público o la realización de una actividad administrativa de competencia local que se refiera, afecte o beneficie de modo particular al sujeto pasivo, cuando, en todo caso, concurran las circunstancias siguientes:

a) Que sean de solicitud o recepción obligatoria.

b) Que no sean susceptibles de ser prestados o realizados por la iniciativa privada, por tratarse de servicios o actividades que impliquen manifestación de ejercicio de la autoridad, o bien se trate de servicios públicos en los que esté declarada la reserva en favor de las Entidades locales con arreglo a la normativa vigente.

2. Se entenderá que la actividad administrativa o servicio afecta o se refiere al sujeto pasivo cuando haya sido motivado directa o indirectamente por el mismo en razón de que sus actuaciones y omisiones obliguen a las Entidades locales a realizar de oficio actividades o a prestar servicios por razones de seguridad, salubridad, de abastecimiento de la población o de orden urbanístico, o cualesquiera otras.»

3. Conforme a lo previsto en el apartado 1 anterior, las Entidades locales podrán establecer tasas por cualquier supuesto de utilización privativa o aprovechamiento especial del dominio público local, y en particular por los siguientes:

a) Sacas de arenas y de otros materiales de construcción en terrenos de dominio público local.

b) Construcción en terrenos de uso público local de pozos de nieve o de cisternas o algibes donde se recojan las aguas pluviales.

c) Balnearios y otros disfrutes de aguas que no consistan en el uso común de las públicas.

d) Vertido y desagüe de canalones y otras instalaciones análogas en terrenos de uso público local.

e) Ocupación del subsuelo de terrenos de uso público local.

f) Apertura de zanjas, calicatas y calas en terrenos de uso público local, inclusive carreteras, caminos y demás vías públicas locales, para la instalación y reparación de cañerías, conducciones y otras instalaciones, así como cualquier remoción de pavimento o aceras en la vía pública.

g) Ocupación de terrenos de uso público local con mercancías, materiales de construcción, escombros, vallas, puntales, asnillas, andamios y otras instalaciones análogas.

h) Entradas de vehículos a través de las aceras y reservas de vía pública para aparcamiento exclusivo, parada de vehículos, carga y descarga de mercancías de cualquier clase.

i) Instalación de rejas de pisos, lucernarios, respiraderos, puertas de entrada, bocas de carga o elementos análogos que ocupen el suelo o subsuelo de toda clase de vías públicas locales, para dar luces, ventilación, acceso de personas o entrada de artículos a sótanos o semisótanos.

j) Ocupación del vuelo de toda clase de vías públicas locales con elementos constructivos cerrados, terrazas, miradores, balcones, marquesinas, toldos, paravientos y otras instalaciones semejantes, voladizas sobre la vía pública o que sobresalgan de la línea de fachada.

k) Tendidos, tuberías y galerías para las conducciones de energía eléctrica, agua, gas o cualquier otro fluido incluidos los postes para líneas, cables, palomillas, cajas de amarre, de distribución o de registro, transformadores, rieles, básculas, aparatos para venta automática y otros análogos que se establezcan sobre vías públicas u otros terrenos de dominio público local o vuelen sobre los mismos.

l) Ocupación de terrenos de uso público local con mesas, sillas, tribunas, tablados y otros elementos análogos, con finalidad lucrativa.

m) Instalación de quioscos en la vía pública.

n) Instalación de puestos, barracas, casetas de venta, espectáculos, atracciones o recreo, situados en terrenos de uso público local así como industrias callejeras y ambulantes y rodaje cinematográfico.

ñ) Portadas, escaparates y vitrinas.

o) Rodaje y arrastre de vehículos que no se encuentren gravados por el Impuesto sobre Vehículos de Tracción Mecánica.

p) Tránsito de ganados sobre vías públicas o terrenos de dominio público local.

q) Muros de contención o sostenimiento de tierras, edificaciones o cercas, ya sean definitivas o provisionales, en vías públicas locales.

r) Depósitos y aparatos distribuidores de combustibles y, en general, de cualquier artículo o mercancía, en terrenos de uso público local.

s) Instalación de anuncios ocupando terrenos de dominio público local o visibles desde carreteras, caminos vecinales, y demás vías públicas locales.

t) Construcción en carreteras, caminos y demás vías públicas locales de atarjeas y pasos sobre cunetas y en terraplenes para vehículos de cualquier clase, así como para el paso de ganado.

u) Estacionamiento de vehículos de tracción mecánica en las vías de los municipios dentro de las zonas que a tal efecto se determinen y con las limitaciones que pudieran establecerse.

4. Conforme a lo previsto en el apartado 1 anterior, las Entidades locales podrán establecer Tasas por cualquier supuesto de prestación de servicios o de realización de actividades administrativas de competencia local, y en particular por los siguientes:

a) Documentos que expidan o de que entiendan las Administraciones o autoridades locales, a instancia de parte.

b) Autorización para utilizar en placas, patentes y otros distintivos análogos el escudo de la Entidad local.

c) Otorgamiento de licencias o autorizaciones administrativas de auto-taxis y demás vehículos de alquiler.

d) Guardería rural.

e) Voz pública.

f) Vigilancia especial de los establecimientos que lo soliciten.

g) Servicios de competencia local que especialmente sean motivados por la celebración de espectáculos públicos, grandes transportes, pasos de caravana y cualesquiera otras actividades que exijan la prestación de dichos servicios especiales.

h) Otorgamiento de las licencias urbanísticas exigidas por la legislación del suelo y ordenación urbana.

i) Otorgamiento de las licencias de apertura de establecimientos.

j) Inspección de vehículos, calderas de vapor, motores, transformadores, ascensores, montacargas y otros aparatos e instalaciones análogas de establecimientos industriales y comerciales.

k) Servicios de prevención y extinción de incendios, de prevención de ruinas, construcciones, y derribos, salvamentos, y, en general, de protección de personas y bienes, comprendiéndose también el mantenimiento del servicio y la cesión del uso de maquinaria y equipo adscritos a estos servicios, tales como escalas, cubas, motobombas, barcas, etc.

l) Servicios de inspección sanitaria así como los de análisis químicos, bacteriológicos y cualesquiera otros de naturaleza análoga y, en general, servicios de laboratorios o de cualquier otro establecimiento de sanidad e higiene de las Entidades locales.

m) Servicios de sanidad preventiva, desinfectación, desinsectación, desratización y destrucción de cualquier clase de materias y productos contaminantes o propagadores de gérmenes nocivos para la salud pública prestados a domicilio o por encargo.

n) Asistencias y estancias en hospitales, clínicas o sanatorios médico-quirúrgicos, psiquiátricos y especiales, dispensarios, centros de recuperación y rehabilitación, ambulancias sanitarias y otros servicios análogos, y demás establecimientos benéfico asistenciales de las Entidades locales, incluso cuando los gastos deban sufragarse por otras entidades de cualquier naturaleza.

ñ) Asistencias y estancias en hogares y residencias de ancianos, guarderías infantiles, albergues u otros establecimientos de naturaleza análoga.

o) Casas de baños, duchas, piscinas, instalaciones deportivas y otros servicios análogos.

p) Cementerios locales, conducción de cadáveres y otros servicios fúnebres de carácter local.

q) Colocación de tuberías, hilos conductores y cables en postes o en galerías de servicio de la titularidad de Entidades locales.

r) Servicios de alcantarillado, así como de tratamiento y depuración de aguas residuales, incluida la vigilancia especial de alcantarillas particulares.

s) Recogida de residuos sólidos urbanos, tratamiento y eliminación de los mismos, monda de pozos negros y limpieza en calles particulares.

t) Distribución de agua, gas, electricidad y otros abastecimientos públicos incluidos los derechos de enganche de líneas y colocación y utilización de contadores e instalaciones análogas, cuando tales servicios o suministros sean prestados por Entidades locales.

u) Servicio de matadero, lonjas y mercados así como el acarreo de carnes si hubiera de utilizarse de un modo obligatorio; y servicios de inspección en materia de abastos, incluida la utilización de medios de pesar y medir.

v) Enseñanzas especiales en establecimientos docentes de las Entidades locales.

w) Visitas a museos, exposiciones, bibliotecas, monumentos históricos o artísticos, parques zoológicos u otros centros o lugares análogos.

x) Utilización de columnas, carteles y otras instalaciones locales análogas para la exhibición de anuncios.

y) Enarenado de vías públicas a solicitud de los particulares.

z) Realización de actividades singulares de regulación y control del tráfico urbano, tendentes a facilitar la circulación de vehículos y distintas a las habituales de señalización y ordenación del tráfico por la Policía Municipal.

5. Los preceptos de esta Sección no serán aplicables a las contraprestaciones por los servicios que presten y actividades que realicen los Entes y Organismos públicos que actúen según normas de derecho privado.

Artículo 21. (2)

1. Las Entidades locales no podrán exigir tasas por los servicios siguientes:

a) Abastecimiento de aguas en fuentes públicas.

b) Alumbrado de vías públicas.

c) Vigilancia pública en general.

d) Protección civil.

(2) Este artículo ha sido redactado por el art. 66 Ley 25/1998. En su redacción original el precepto en cuestión disponía lo siguiente:

e) Limpieza de la vía pública.

f) Enseñanza en los niveles de educación obligatoria.

2. El Estado, las Comunidades Autónomas y las Entidades locales no estarán obligados al pago de las tasas por utilización privativa o aprovechamiento especial del dominio público por los aprovechamientos inherentes a los servicios públicos de comunicaciones que exploten directamente y por todos los que inmediatamente interesen a la seguridad ciudadana o a la defensa nacional.

Artículo 22.

Las tasas por la prestación de servicios no excluyen la exacción de contribuciones especiales por el establecimiento o ampliación de los mismos.

SUBSECCIÓN 2.ª
Sujetos pasivos

Artículo 23. (3)

1. Son sujetos pasivos de las tasas, en concepto de contribuyentes, las personas físicas y jurídicas así como las entidades a que se refiere el artículo 33 de la Ley General Tributaria:

a) Que disfruten, utilicen o aprovechen especialmente el dominio público local en beneficio particular, conforme a alguno de los supuestos previstos en el artículo 20.3 de esta Ley.

b) Que soliciten o resulten beneficiadas o afectadas por los servicios o actividades locales que presten o realicen las Entidades locales, conforme a alguno de los supuestos previstos en el artículo 20.4 de esta Ley.

«Artículo 21.

Las Entidades locales no podrán exigir tasas por los servicios siguientes:

a) Abastecimiento de aguas en fuentes públicas.

b) Alumbrado de vías públicas.

c) Vigilancia pública en general.

d) Protección civil.

e) Limpieza de la vía pública.

f) Enseñanza en los niveles de educación preescolar y educación general básica.»

(3) Este artículo ha sido redactado por el art. 66 Ley 25/1998. En su redacción original el precepto en cuestión disponía lo siguiente:

«Artículo 23.

1. Son sujetos pasivos de las tasas, en concepto de contribuyentes, las personas físicas y jurídicas, y las Entidades a que se refiere el artículo 33 de la Ley General Tributaria que soliciten o que resulten beneficiadas o afectadas por los servicios o actividades locales.

2. Tendrán la condición de sustitutos del contribuyente:

2. Tendrán la condición de sustitutos del contribuyente:

a) En las tasas establecidas por razón de servicios o actividades que beneficien o afecten a los ocupantes de viviendas o locales, los propietarios de dichos inmuebles, quienes podrán repercutir, en su caso, las cuotas sobre los respectivos beneficiarios.

b) En las tasas establecidas por el otorgamiento de las licencias urbanísticas previstas en la normativa sobre suelo y ordenación urbana, los constructores y contratistas de obras.

c) En las tasas establecidas por la prestación de servicios de prevención y extinción de incendios, de prevención de ruinas, construcciones y derribos, salvamentos y, en general, de protección de personas y bienes, comprendiéndose también el mantenimiento del servicio, las Entidades o Sociedades aseguradoras del riesgo.

d) En las tasas establecidas por la utilización privativa o el aprovechamiento especial por entrada de vehículos o carruajes a través de las aceras y por su construcción, mantenimiento, modificación o supresión, los propietarios de las fincas y locales a que den acceso dichas entradas de vehículos, quienes podrán repercutir, en su caso, las cuotas sobre los respectivos beneficiarios.

SUBSECCIÓN 3.ª
Cuantía y devengo

Artículo 24. (4)

El importe de las tasas previstas por la utilización privativa o el aprovechamiento especial del dominio público local se fijará tomando como referencia el

---

a) En las tasas establecidas por razón de servicios o actividades que beneficien o afecten a los ocupantes de viviendas o locales, los propietarios de dichos inmuebles, quienes podrán repercutir, en su caso, las cuotas sobre los respectivos beneficiarios.

b) En las tasas establecidas por el otorgamiento de las licencias urbanísticas reguladas en el artículo 178 de la Ley sobre Régimen del Suelo y Ordenación Urbana, Texto Refundido aprobado por Real Decreto 1346/1976, de 9 de abril, los constructores y contratistas de obras.

c) En las tasas establecidas por la prestación de servicio de extinción de incendios, la Entidad o Sociedad aseguradora del riesgo.»

(4) Este artículo ha sido redactado por el art. 66 Ley 25/1998. En su redacción original el artículo en cuestión disponía lo siguiente:

«Artículo 24.

1. El importe estimado de las tasas por la prestación de un servicio o por la realización de una actividad no podrá exceder, en su conjunto, del coste real o previsible del servicio o actividad de que se trate. Para la determinación de dicho coste se tomarán en consideración los gastos directos e indirectos que contribuyen a la formación del coste total del servicio o de la actividad, incluso los de carácter financiero, amortización e inmovilizado y generales que sean de aplicación, no

valor que tendría en el mercado la utilidad derivada de dicha utilización o aprovechamiento, si los bienes afectados no fuesen de dominio público. A tal fin, las Ordenanzas fiscales podrán señalar en cada caso, atendiendo a la naturaleza específica de la utilización privativa o del aprovechamiento especial de que se trate, los criterios y parámetros que permitan definir el valor de mercado de la utilidad derivada.

Cuando se utilicen procedimientos de licitación pública, el importe de la tasa vendrá determinado por el valor económico de la proposición sobre la que recaiga la concesión, autorización o adjudicación.

Cuando se trate de tasas por utilización privativa o aprovechamientos especiales constituidos en el suelo, subsuelo o vuelo de las vías públicas municipales, en favor de Empresas explotadoras de servicios de suministros que afecten a la generalidad o a una parte importante del vecindario, el importe de aquéllas consistirá, en todo caso y sin excepción alguna, en el uno y medio por 100 de los ingresos brutos procedentes de la facturación que obtengan anualmente en cada término municipal las referidas Empresas. Dichas tasas son compatibles con otras que puedan establecerse por la prestación de servicios o la realización de actividades de competencia local, de las que las mencionadas Empresas deban ser sujetos pasivos conforme a lo establecido en el artículo 23 de esta Ley.

2. En general, y con arreglo a lo previsto en el párrafo siguiente, el importe de las tasas por la prestación de un servicio o por la realización de una actividad no podrá exceder, en su conjunto, del coste real o previsible del servicio o actividad de que se trate o, en su defecto, del valor de la prestación recibida.

Para la determinación de dicho importe se tomarán en consideración los costes directos e indirectos, inclusive los de carácter financiero, amortización del inmovilizado y, en su caso, los necesarios para garantizar el mantenimiento y un desarrollo razonable del servicio o actividad por cuya prestación o realización se exige la tasa, todo ello con independencia del presupuesto u organismo que lo satisfaga. El mantenimiento y desarrollo razonable del servicio o actividad de que se trate se calculará con arreglo al presupuesto y proyecto aprobados por el órgano competente.

3. La cuota tributaria consistirá, según disponga la correspondiente Ordenanza fiscal, en:

---

sufragados por contribuciones especiales, todo ello con independencia del presupuesto con cargo al cual se satisfagan o del organismo que lo soporte.

2. La cuota tributaria consistirá, según disponga la correspondiente Ordenanza fiscal, en:

a) La cantidad resultante de aplicar una tarifa.

b) Una cantidad fija señalada al efecto, o

c) La cantidad resultante de la aplicación conjunta de ambos procedimientos.

3. Para la determinación de la cuantía de las tasas deberán tenerse en cuenta criterios genéricos de capacidad económica de los sujetos obligados a satisfacerlas.»

a) La cantidad resultante de aplicar una tarifa.

b) Una cantidad fija señalada al efecto, o

c) La cantidad resultante de la aplicación conjunta de ambos procedimientos.

4. Para la determinación de la cuantía de las tasas podrán tenerse en cuenta criterios genéricos de capacidad económica de los sujetos obligados a satisfacerlas.

5. Cuando la utilización privativa o el aprovechamiento especial lleve aparejada la destrucción o deterioro del dominio público local, el beneficiario, sin perjuicio del pago de la tasa a que hubiere lugar, estará obligado al reintegro del coste total de los respectivos gastos de reconstrucción o reparación y al depósito previo de su importe.

Si los daños fueran irreparables, la Entidad será indemnizada en cuantía igual al valor de los bienes destruidos o al importe del deterioro de los dañados.

Las Entidades locales no podrán condonar total ni parcialmente las indemnizaciones y reintegros a que se refiere el presente apartado.

Artículo 25. (5)

Los acuerdos de establecimiento de tasas por la utilización privativa o el aprovechamiento especial del dominio público, o para financiar total o parcialmente los nuevos servicios, deberán adoptarse a la vista de informes técnico-económicos en los que se ponga de manifiesto el valor de mercado o la previsible cobertura del coste de aquéllos, respectivamente.

Artículo 26. (6)

1. Las tasas podrán devengarse, según la naturaleza de su hecho imponible y conforme determine la respectiva Ordenanza fiscal:

a) Cuando se inicie el uso privativo o el aprovechamiento especial, o cuando se inicie la prestación del servicio o la realización de la actividad, aunque en ambos casos podrá exigirse el depósito previo de su importe total o parcial.

---

(5) Este artículo ha sido redactado por el art. 66 Ley 25/1998. En su redacción original el artículo en cuestión disponía lo siguiente:

«Artículo 25.

Los acuerdos de establecimiento de tasas para financiar total o parcialmente los nuevos servicios deberán adoptarse a la vista de informes técnico-económicos en los que se ponga de manifiesto la previsible cobertura del coste de aquéllos.»

(6) Este artículo ha sido redactado por el art. 66 Ley 25/1998. En su redacción original el artículo en cuestión disponía lo siguiente:

«Artículo 26.

Las tasas se devengarán cuando se inicie la prestación del servicio o la realización de la actividad, aunque podrá exigirse el depósito previo de su importe total o parcial.»

b) Cuando se presente la solicitud que inicie la actuación o el expediente, que no se realizará o tramitará sin que se haya efectuado el pago correspondiente.

2. Cuando la naturaleza material de la tasa exija el devengo periódico de ésta, y así se determine en la correspondiente Ordenanza fiscal, el mismo tendrá lugar el 1 de enero de cada año y el período impositivo comprenderá el año natural, salvo en los supuestos de inicio o cese en la utilización privativa, el aprovechamiento especial o el uso del servicio o actividad, en cuyo caso el período impositivo se ajustará a esa circunstancia con el consiguiente prorrateo de la cuota, en los términos que se establezcan en la correspondiente Ordenanza fiscal.

3. Cuando por causas no imputables al sujeto pasivo, el servicio público, la actividad administrativa o el derecho a la utilización o aprovechamiento del dominio público no se preste o desarrolle, procederá la devolución del importe correspondiente.

Artículo 27. (7)

1. Las Entidades locales podrán exigir las tasas en régimen de autoliquidación.

2. Las Entidades locales podrán establecer convenios de colaboración con entidades, instituciones y organizaciones representativas de los sujetos pasivos de las tasas, con el fin de simplificar el cumplimiento de las obligaciones formales y materiales derivadas de aquéllas, o los procedimientos de liquidación o recaudación.

* * *

CAPÍTULO VI
Precios públicos

SECCIÓN 1.ª
Concepto

Artículo 41. (8)

Las Entidades locales podrán establecer precios públicos por la prestación de servicios o la realización de actividades de la competencia de la Entidad local,

(7) Este artículo ha sido redactado por el art. 66 Ley 25/1998. En su redacción original el artículo en cuestión disponía lo siguiente:

«Artículo 27.

Las Entidades locales podrán exigir las tasas en régimen de autoliquidación.»

(8) Este artículo ha sido redactado por el art. 66 Ley 25/998. En su redacción original el artículo en cuestión disponía lo siguiente:

siempre que no concurra ninguna de las circunstancias especificadas en la letra B), del artículo 20.1 de esta Ley.

Artículo 42.

No podrán exigirse precios públicos por los servicios y actividades enumerados en el artículo 21 de la presente Ley.

Artículo 43. (9)

No estarán obligadas al pago de precios públicos las Administraciones públicas por los aprovechamientos inherentes a los servicios públicos de comunicaciones que exploten directamente y por todos los que inmediatamente interesen a la seguridad ciudadana o a la defensa nacional.

SECCIÓN 2.ª
Obligados al pago

Artículo 44. (10)

Estarán obligados al pago de los precios públicos quienes se beneficien de los servicios o actividades por los que deban satisfacerse aquéllos.

«Artículo 41.

Tendrán la consideración de precios públicos las contraprestaciones pecuniarias que se satisfagan por:

A) La utilización privativa o el aprovechamiento especial del dominio público local.

B) La prestación de servicios o realización de actividades administrativas de la competencia de la Entidad local perceptora de dichas contraprestaciones, cuando concurra alguna de las dos circunstancias siguientes:

a) Que los servicios públicos o las actividades administrativas no sean de solicitud o recepción obligatoria.

b) Que los servicios públicos o las actividades administrativas sean susceptibles de ser prestados o realizadas por el sector privado por no implicar intervención en la actuación de los particulares o cualquier otra manifestación o autoridad, o bien por no tratarse de servicios en los que esté declarada la reserva a favor de las Entidades locales con arreglo a la normativa vigente.»

(9) Este artículo ha quedado derogado por la letra c) de la disposición derogatoria única de la Ley 25/1998.

(10) Este artículo ha sido redactado por el art. 66 Ley 25/1998. En su redacción original el precepto en cuestión disponía lo siguiente:

«Artículo 44.

Estarán obligados al pago de los precios públicos quienes disfruten, utilicen o aprovechen especialmente el dominio público en beneficio particular, o se beneficien de los servicios o actividades por los que deban satisfacerse aquéllos.»

SECCIÓN 3.ª
Cuantía y obligación de pago

Artículo 45. (11)

1. El importe de los precios públicos deberá cubrir como mínimo el coste del servicio prestado o de la actividad realizada.

2. Cuando existan razones sociales, benéficas, culturales o de interés público que así lo aconsejen, la Entidad podrá fijar precios públicos por debajo del límite previsto en el apartado anterior. En estos casos deberán consignarse en los presupuestos de la Entidad las dotaciones oportunas para la cobertura de la diferencia resultante si la hubiese.

Artículo 46. (12)

Las Entidades locales podrán exigir los precios públicos en régimen de autoliquidación.

---

(11) Este artículo ha sido redactado por el art. 66 Ley 25/1998. En su redacción original el artículo en cuestión disponía lo siguiente:

«Artículo 45.

1. El importe de los precios públicos por prestación de servicios o realización de actividades deberá cubrir, como mínimo, el coste del servicio prestado o de la actividad realizada.

2. El importe de los precios públicos por la utilización privativa o el aprovechamiento especial del dominio público se fijará tomando como referencia el valor de mercado correspondiente o el de la utilidad derivada de aquéllos.

Cuando se trata de precios públicos por utilización privativa o aprovechamientos especiales constituidos en el suelo, subsuelo o vuelo de las vías públicas municipales, en favor de Empresas explotadoras de servicios de suministros que afecten a la generalidad o a una parte importante del vecindario, el importe de aquéllos consistirá, en todo caso y sin excepción alguna, en el uno y medio por 100 de los ingresos brutos procedentes de la facturación que obtengan anualmente en cada término municipal dichas Empresas.

3. Cuando existan razones sociales, benéficas, culturales o de interés público que así lo aconsejen, la Entidad podrá fijar precios públicos por debajo de los límites previstos en los dos apartados anteriores; en estos casos y cuando se trate de los precios públicos a que se refiere el apartado 1 anterior, deberán consignarse en los presupuestos de la Entidad las dotaciones oportunas para la cobertura de la diferencia resultante, si la hubiese.»

(12) Este artículo ha sido redactado por el art. 66 Ley 25/1998. En su redacción original el artículo en cuestión disponía lo siguiente:

«Artículo 46.

1. Cuando la utilización privativa o el aprovechamiento especial lleve aparejada la destrucción o deterioro del dominio público local, el beneficiario, sin perjuicio del pago del precio público a que hubiere lugar, estará obligado al reintegro del coste total de los respectivos gastos de reconstrucción o reparación y al depósito previo de su importe.

2. Si los daños fueran irreparables, la Entidad será indemnizada en cuantía igual al valor de los bienes destruidos o al importe del deterioro de los dañados.

3. Las Entidades locales no podrán condonar total ni parcialmente las indemnizaciones y reintegros a que se refiere el presente artículo.»

SECCIÓN 4.ª
Cobro

Artículo 47. (13)

1. La obligación de pagar el precio público nace desde que se inicie la prestación del servicio o la realización de la actividad, si bien las Entidades podrán exigir el depósito previo de su importe total o parcial.

2. Cuando por causas no imputables al obligado al pago del precio, el servicio o la actividad no se preste o desarrolle, procederá la devolución del importe correspondiente.

3. Las deudas por precios públicos podrán exigirse por el procedimiento administrativo de apremio.

SECCIÓN 5.ª
Fijación

Artículo 48.

1. El establecimiento o modificación de los precios públicos corresponderá al Pleno de la Corporación, sin perjuicio de sus facultades de delegación en la Comisión de Gobierno, conforme al artículo 23.2.b) de la Ley 7/1985, de 2 de abril.

2. Las Entidades locales podrán atribuir a sus Organismos autónomos la fijación de los precios públicos, por ella establecidos, correspondientes a los servicios a cargo de dichos organismos, salvo cuando los precios no cubran el coste de los mismos. Tal atribución podrá hacerse asimismo y en iguales términos respecto de los Consorcios, a menos que otra cosa se diga en sus Estatutos.

En ambos supuestos los Organismos autónomos y los Consorcios enviarán al Ente local del que dependan, copia de la propuesta y del estado económico del que se desprenda que los precios públicos cubren el coste del servicio.

---

(13) Este artículo ha sido redactado por el art. 66 Ley 25/1998. En su redacción original el artículo en cuestión disponía lo siguiente:

«Artículo 47.

1. La obligación de pagar el precio público nace desde que se inicie la prestación del servicio o la realización de la actividad, o se conceda la utilización privativa o el aprovechamiento especial, si bien las Entidades podrán exigir el depósito previo de su importe total o parcial.

2. Cuando por causas no imputables al obligado al pago del precio, el servicio público, la actividad administrativa o el derecho a la utilización del dominio público no se preste o desarrolle, procederá la devolución del importe correspondiente.

3. Las deudas por precios públicos podrán exigirse por el procedimiento administrativo de apremio.»

* * *

TÍTULO SEGUNDO
Recursos de los Municipios

CAPÍTULO PRIMERO
Enumeración

Artículo 57.

La Hacienda de los Municipios estará constituida por los recursos enumerados en el artículo 2 de esta Ley en los términos y con las especialidades que se recogen en el presente título.

CAPÍTULO SEGUNDO
Tributos propios

SECCIÓN 1.ª
Tasas

Artículo 58 (14)

Los Ayuntamientos podrán establecer y exigir tasas por la prestación de servicios o la realización de actividades de su competencia y por la utilización privativa o el aprovechamiento especial de los bienes del dominio público municipal, según las normas contenidas en la Sección 3.ª del Capítulo III del Título I de la presente Ley.

* * *

CAPÍTULO CUARTO
Precios públicos

Artículo 117. (15)

Los Ayuntamientos podrán establecer y exigir Precios Públicos por la prestación de servicios o la realización de actividades de competencia municipal, según las normas contenidas en el Capítulo VI del Título I de la presente Ley.

---

(14) Este artículo ha sido redactado por el art. 66 Ley 25/1998. En su redacción original el artículo en cuestión disponía lo siguiente:

«Artículo 58.

Los Ayuntamientos podrán establecer y exigir tasas por prestación de servicios o realización de actividades de la competencia municipal, según las normas contenidas en la Sección 3.ª. del capítulo tercero del título I de la presente Ley.»

(15) Este artículo ha sido redactado por el art. 66 Ley 25/1998. En su redacción original el artículo en cuestión disponía lo siguiente:

«Artículo 117.

* * *

TÍTULO TERCERO
Recursos de las Provincias

CAPÍTULO PRIMERO
Enumeración

Artículo 121.

La Hacienda de las Provincias estará constituida por los recursos expresados en el artículo 2 de esta Ley en los términos y con las especialidades que se recogen en el presente título.

* * *

CAPÍTULO SEGUNDO
Recursos tributarios

SECCIÓN 1.ª
Tasas

Artículo 122. (16)

1. Las Diputaciones Provinciales podrán establecer y exigir tasas por la prestación de servicios o la realización de actividades de su competencia, y por la utilización privativa o el aprovechamiento especial de bienes del dominio público provincial según las normas contenidas en la Sección 3.ª del Capítulo III del Título I de la presente Ley, salvo lo dispuesto en el párrafo tercero del artículo 24.1.

2. Las Diputaciones Provinciales seguirán editando y publicando el «Boletín Oficial» de la provincia, pudiendo a tal efecto establecer y exigir tasas y precios por la inserción de anuncios y edictos, y la suscripción y venta de ejemplares.

* * *

Los Ayuntamientos podrán establecer y exigir precios públicos por la prestación de servicios o la realización de actividades de su competencia y por la utilización privativa o el aprovechamiento especial de los bienes del dominio público municipal, según las normas contenidas en el capítulo VI del título I de la presente Ley.»

(16) El apartado 1 de este artículo ha sido redactado por el art. 66 Ley 25/1998, y el apartado 2 por la disposición adicional quinta de la misma Ley. En su redacción original el precepto en cuestión disponía lo siguiente:

«Artículo 122.

Las Diputaciones Provinciales podrán establecer y exigir tasas por la prestación de servicios o la realización de actividades de la competencia provincial, según las normas contenidas en la sección 3.ª. del capítulo III del título I de la presente Ley.»

CAPÍTULO QUINTO
Precios públicos

Artículo 129. (17)

Las Diputaciones Provinciales podrán establecer y exigir precios públicos por la prestación de servicios o la realización de actividades de su competencia, según las normas contenidas en el Capítulo VI del Título I de la presente Ley.

* * *

TÍTULO CUARTO
Recursos de otras Entidades

CAPÍTULO PRIMERO
Recursos de las Entidades supramunicipales

SECCIÓN 1.ª
Normas comunes

Artículo 131.

1. Constituyen recursos de las Entidades supramunicipales los previstos en sus respectivas normas de creación y los establecidos en la presente Ley y en las disposiciones que la desarrollen.

2. Será de aplicación a las Entidades supramunicipales lo dispuesto en la presente Ley respecto de los recursos de los Ayuntamientos, con las especialidades que procedan en cada caso.

* * *

Artículo 133.

1. Las Comarcas, Áreas Metropolitanas, Entidades municipales asociativas y demás Entidades supramunicipales podrán establecer y exigir tasas, contribuciones especiales y precios públicos, de conformidad con lo previsto en sus respectivas normas de creación y en los términos establecidos en la presente Ley y disposiciones que la desarrollen.

2. El régimen financiero de las Entidades supramunicipales no alterará el propio de los Ayuntamientos que las integren.

---

(17) Este artículo ha sido redactado por el art. 66 Ley 25/1998. En su redacción original el precepto en cuestión disponía lo siguiente:

«Artículo 129.

Las Diputaciones Provinciales podrán establecer y exigir precios públicos por la prestación de servicios o la realización de actividades de su competencia y por la utilización privativa o el aprovechamiento especial de bienes del dominio público provincial según las normas contenidas en el capítulo VI del título I de la presente Ley, salvo lo dispuesto en el párrafo segundo del apartado 2 del artículo 45.»

* * *

CAPÍTULO II
Recursos de las Entidades de ámbito territorial inferior al Municipio

Artículo 137.

1. Las Entidades locales de ámbito territorial inferior al Municipio no podrán tener impuestos propios ni participación en los tributos del Estado, pero sí en los del Municipio a que pertenezcan.

2. Las Leyes de las Comunidades Autónomas sobre régimen local que regulen las Entidades de ámbito territorial inferior al Municipio determinarán los recursos integrantes de sus respectivas Haciendas, de entre los previstos en esta Ley para los Municipios, incluso la prestación personal y de transporte, salvo cuando la tuviera acordada el Ayuntamiento con carácter de generalidad.

3. Serán aplicables a los recursos citados en los apartados anteriores las disposiciones de la presente Ley correspondientes a la Hacienda municipal, con las adaptaciones derivadas del carácter de ingresos propios de sus Entidades titulares.

TÍTULO V
Regímenes especiales

CAPÍTULO I
Baleares

Artículo 138.

Los Consejos Insulares de las Islas Baleares dispondrán de los mismos recursos que en la presente Ley se reconocen a las Diputaciones Provinciales.

CAPÍTULO II
Canarias

Artículo 139.

Las Entidades locales canarias dispondrán de los recursos regulados en la presente Ley sin perjuicio de las peculiaridades previstas en la legislación del Régimen Económico Fiscal de Canarias. A estos efectos los Cabildos Insulares de las Islas Canarias tendrán el mismo tratamiento que las Diputaciones Provinciales.

CAPÍTULO III
Ceuta y Melilla

Artículo 140.

1. Las ciudades de Ceuta y Melilla dispondrán de los recursos previstos en sus respectivos regímenes fiscales especiales.

2. Las cuotas tributarias correspondientes a los impuestos municipales regulados en la presente Ley serán objeto de una bonificación del 50 por 100.

3. La participación de Ceuta y Melilla en los tributos del Estado se determinará aplicando las normas de la presente Ley reguladoras de la participación de los Municipios y de las Provincias en los mismos. A estos efectos el esfuerzo fiscal a que se refiere el artículo 115.a) de la presente Ley se calculará tomando en consideración las cuotas íntegras de los impuestos municipales determinadas antes de aplicar la bonificación prevista en el apartado anterior.

CAPÍTULO IV
Madrid

Artículo 141.

El Municipio de Madrid tendrá un régimen financiero especial, del que será supletorio lo dispuesto en la presente Ley.

CAPÍTULO V
Barcelona

Artículo 142.

El Municipio de Barcelona tendrá un régimen financiero especial, del que será supletorio lo dispuesto en la presente Ley.

* * *

DISPOSICIONES ADICIONALES

Primera.

1. Se modifica el artículo 107.1 de la Ley 7/1985, de 2 de abril, que queda redactado en los siguientes términos:

«Artículo 107.1. Las Ordenanzas fiscales reguladoras de los tributos locales comenzarán a aplicarse en el momento de su publicación definitiva en el Boletín Oficial de la provincia o, en su caso, de la Comunidad Autónoma uniprovincial, salvo que en las mismas se señale otra fecha.»

2. Se modifica el artículo 111 de la Ley 7/1985, de 2 de abril, que queda redactado en los siguientes términos:

«Artículo 111. Los acuerdos de establecimiento, supresión y ordenación de tributos locales, así como las modificaciones de las correspondientes Ordenanzas fiscales, serán aprobados, publicados y entrarán en vigor, de acuerdo con lo dispuesto en las normas especiales reguladoras de la Imposición y Ordenación de tributos locales, sin que les sea de aplicación lo previsto en el artículo 70.2 en relación con el 65.2, ambos de la presente Ley».

* * *

Sexta. (18)

Cuando por la prestación de un servicio o la realización de una actividad se esté exigiendo el pago de un precio público de carácter periódico, y por variación de las circunstancias en que el servicio se presta o la actividad se realiza deba exigirse el pago de una tasa, no será preciso realizar la notificación individual a que se refiere el artículo 124 de la Ley General Tributaria, siempre que el sujeto pasivo y la cuota de la tasa coincidan con el obligado al pago y el importe del precio público al que sustituye.

* * *

DISPOSICIONES TRANSITORIAS

* * *

Décima.

En tanto no se aprueben las leyes a que se refieren los artículos 141 y 142, serán de aplicación directa a los Municipios de Madrid y Barcelona los preceptos contenidos en la presente Ley.

* * *

DISPOSICIÓN DEROGATORIA

1. A partir de la fecha de entrada en vigor de esta Ley, quedan derogadas las disposiciones siguientes:

---

(18) Esta disposición adicional ha sido redactada por el art. 66 Ley 25/1998. En su redacción original la disposición adicional en cuestión establecía lo siguiente:

«Sexta.

Los Ayuntamientos podrán establecer tasas por la realización de actuaciones singulares de regulación y control del tráfico urbano, tendentes a facilitar la circulación de vehículos y distintas a las habituales de señalización y ordenación del tráfico por la Policía Municipal; como, asimismo, podrán exigir precios públicos por el establecimiento de vehículos de tracción mecánica en las vías de los Municipios dentro de las zonas que a tal efecto se determinen y con las limitaciones que pudieran establecerse; todo ello de conformidad con lo dispuesto en la Sección 3.ª. del capítulo III y en el capítulo V del título I de la presente Ley, respectivamente.»

a) El título tercero, y disposición concordante del texto articulado de la Ley Especial para la Ciudad de Barcelona, aprobado por Decreto 1166/1960, de 23 de mayo.

b) El título tercero, y disposiciones concordantes del texto articulado de la Ley Especial para el Municipio de Madrid, aprobado por Decreto 1674/1963, de 11 de julio.

c) Disposición adicional decimotercera de la Ley 9/1983, de 13 de julio, de Presupuestos Generales del Estado para 1983.

d) Título VIII, disposición transitoria octava, disposiciones finales primera, segunda, tercera, cuarta, quinta, inciso final y séptima, apartado 2, del texto refundido de las disposiciones legales vigentes en materia de Régimen Local, aprobado por Real Decreto Legislativo 781/1986, de 18 de abril.

e) Ley 2/1987, de 17 de marzo, sobre fiscalidad municipal en la ordenación del tráfico urbano.

f) Ley 26/1987, de 11 de diciembre, por la que se regulan los tipos de gravamen de las Contribuciones Rústicas y Pecuaria y Urbana, salvo las disposiciones adicionales segunda y tercera de la misma.

Asimismo, quedan derogadas cuantas otras disposiciones de rango legal se opongan, contradigan o resulten incompatibles con los preceptos de la presente Ley.

2. Igualmente quedan derogadas cuantas disposiciones de rango reglamentario regulen, a la fecha de entrada en vigor de la presente Ley, las materias objeto de las disposiciones comprendidas en el apartado anterior.

3. Lo dispuesto en los dos apartados anteriores se entiende sin perjuicio de lo previsto en las disposiciones transitorias primera a sexta ambas inclusive, y octava de la presente Ley.

DISPOSICIÓN FINAL

1. Se autoriza al Gobierno de la Nación para dictar cuantas disposiciones sean necesarias para el desarrollo y aplicación de la presente Ley.

2. La presente Ley entrará en vigor el día siguiente al de su publicación en el «Boletín Oficial del Estado».

2. Ley 230/1963, de 28 de diciembre, General Tributaria

* * *

Artículo 26.

1. Los tributos se clasifican en tasas, contribuciones especiales e impuestos:

a) (*) Tasas son aquéllos tributos cuyo hecho imponible consiste en la utilización privativa o el aprovechamiento especial del dominio público, en la pres-

---

(*) Esta letra a) ha sido redactada por el art. 1 Ley 25/1998. Con anterioridad a esta redacción la letra a) del art. 26.1 LGT ha contado con otras dos redacciones. Así, en su redacción original el precepto en cuestión disponía lo siguiente:

«Artículo 26.

Los tributos se clasifican en tasas, contribuciones especiales o impuestos:

Tasas son aquellos tributos cuyo hecho imponible consiste en la utilización del dominio público, la prestación de un servicio público o la realización por la Administración de una actividad a que se refiera, afecte o beneficie de modo particular al sujeto pasivo.

Contribuciones especiales son aquellos tributos cuyo hecho imponible consiste en la obtención por el sujeto pasivo de un beneficio o de un aumento de valor de sus bienes, como consecuencia de la realización de obras públicas o del establecimiento o ampliación de servicios públicos; y

Son impuestos los tributos exigidos sin contraprestación, cuyo hecho imponible está constituido por negocios, actos o hechos de naturaleza jurídica o económica, que ponen de manifiesto la capacidad contributiva del sujeto pasivo, como consecuencia de la posesión de un patrimonio, la circulación de los bienes o la adquisición o gastos de la renta.

2. Participan de la naturaleza de los impuestos las denominadas exacciones parafiscales cuando se exijan sin especial consideración a servicios o actos de la Administración que beneficien o afecten al sujeto pasivo.»

Posteriormente, la letra a) del art. 26.1 LGT fue redactada por LTPP en los términos siguientes:

«Artículo 26.

1. Los tributos se clasifican en tasas, contribuciones especiales e impuestos:

Las tasas son tributos cuyo hecho imponible consiste en la prestación de servicios o la realización de actividades en régimen de Derecho público que se refieran, afecten o beneficien a los sujetos pasivos, cuando concurran las dos siguientes circunstancias:

a) Que sean de solicitud o recepción obligatoria por los administrados.

b) Que no puedan prestarse o realizarse por el sector privado por cuanto impliquen intervención en la actuación de los particulares o cualquier otra manifestación del ejercicio de autoridad o porque, en relación a dichos servicios, esté establecida su reserva a favor del sector público conforme a la normativa vigente.

Contribuciones especiales son aquellos tributos cuyo hecho imponible consiste en la obtención por el sujeto pasivo de un beneficio o de un aumento de valor de sus bienes, como consecuencia de la realización de obras públicas o del establecimiento o ampliación de servicios públicos; y

Son impuestos los tributos exigidos sin contraprestación, cuyo hecho imponible está constituido por negocios, actos o hechos de naturaleza jurídica o económica, que ponen de manifiesto la capacidad contributiva del sujeto pasivo, como consecuencia de la posesión de un patrimonio, la circulación de los bienes o la adquisición o gastos de la renta.

2. Participan de la naturaleza de los impuestos las denominadas exacciones parafiscales cuando se exijan sin especial consideración a servicios o actos de la Administración que beneficien o afecten al sujeto pasivo.»

tación de servicios o en la realización de actividades en régimen de Derecho Público que se refieran, afecten o beneficien de modo particular al sujeto pasivo, cuando se produzca cualquiera de las circunstancias siguientes:

Primera. Que los servicios o las actividades no sean de solicitud o recepción voluntaria para los administrados. A estos efectos no se considerará voluntaria la solicitud o recepción por parte de los administrados:

— Cuando venga impuesta por disposiciones legales o reglamentarias.

— Cuando los bienes, servicios o actividades requeridos sean imprescindibles para la vida privada o social del solicitante.

Segunda. Que no se presten o realicen por el sector privado, esté o no establecida su reserva a favor del sector público conforme a la normativa vigente.

b) Contribuciones especiales son aquellos tributos cuyo hecho imponible consiste en la obtención por el sujeto pasivo de un beneficio o de un aumento de valor de sus bienes, como consecuencia de la realización de obras públicas o del establecimiento o ampliación de servicios públicos; y

c) Son impuestos los tributos exigidos sin contraprestación, cuyo hecho imponible está constituido por negocios, actos o hechos de naturaleza jurídica o económica, que ponen de manifiesto la capacidad contributiva del sujeto pasivo, como consecuencia de la posesión de un patrimonio, la circulación de los bienes o la adquisición o gastos de la renta.

2. Participan de la naturaleza de los impuestos las denominadas exacciones parafiscales cuando se exijan sin especial consideración a servicios o actos de la Administración que beneficien o afecten al sujeto pasivo.

* * *

3. Ley 8/1989, de 13 de abril, de Tasas y Precios Públicos

EXPOSICIÓN DE MOTIVOS

I

El proceso de ordenación de las tasas en la historia fiscal española no puede decirse que haya sido sencillo ni siquiera que se encuentre terminado. Ello se debe a causas complejas y sobradamente conocidas, derivadas de la génesis, características y peculiar función que estos tributos cumplieron en el sistema tributario, en la financiación de los Entes públicos dotados de cierta autonomía dentro de la estructura del Sector Público e, incluso, en la política retributiva de los funcionarios públicos.

A partir de 1958 aparecen, sin embargo, una serie de disposiciones de muy diversa naturaleza que avanzan notablemente en la reconducción de la tasa –y de su utilización– a los parámetros propios de la técnica presupuestaria y fiscal. Entre ellas cabe destacar la Ley de Tasas y Exacciones Parafiscales de 26 de diciembre de 1958, la Ley de Reforma del Sistema Tributario de 11 de junio de 1964 y la fundamental Ley de Retribuciones de los Funcionarios de la Administración Civil del Estado, de 4 de mayo de 1965, que acabaron con la parafiscalidad española al establecer la aplicación de los principios de legalidad e integración presupuestaria de los tributos y exacciones parafiscales.

Posteriormente, el Real Decreto-Ley 26/1977, de 24 de marzo, suprimió una treintena de antiguas tasas o exacciones parafiscales, transvasó otras diez al régimen de precios o recursos propios de Organismos Autónomos y realizó algunas refundiciones.

También, como consecuencia de la entrada en vigor de la Ley 30/1985, de 2 de agosto, del Impuesto sobre el Valor Añadido, se han derogado otras diez antiguas exacciones o cánones parafiscales.

En esta misma línea de racionalización y simplificación del sistema de tasas hay que anotar la supresión en los últimos tiempos de una serie de ellas por las Leyes de Presupuestos Generales del Estado, así como la supresión de las Tasas judiciales por la Ley 25/1986, de 24 de diciembre.

II

El importante esfuerzo realizado en los años citados para refundir, sistematizar y ordenar la presencia de estos tributos en nuestro sistema tributario no ha podido impedir, sin embargo, que la regulación de las tasas continúe ofreciendo una dispersión y complejidad que dificulta su conocimiento y aplicación, incidiendo, por tanto, en la seguridad jurídica de los administrados, ni tampoco que se arrastren todavía ciertas manifestaciones parafiscales.

Es patente, además, que nuestra entrada en la Comunidad Económica Europea y las exigencias derivadas de ello para nuestro país, en materia de armonización fiscal, han influido directamente en el peculiar mundo de las tasas y sobre todo en su relaciones de compatibilidad y exclusión con el Impuesto sobre el Valor Añadido que rechaza las tasas de estructura equivalente a la de un impuesto sobre ventas.

La entrada en vigor de la Constitución y la Jurisprudencia del Tribunal Constitucional sobre el principio de legalidad tributaria han incidido notablemente en la configuración del sistema tributario español implantado a partir de 1979, pero no han tenido proyección apenas en la regulación de las tasas, cuya legislación básica es preconstitucional.

Por todo ello resulta conveniente afrontar la revisión de esta legislación, insertándola en el nuevo marco jurídico creado por la Constitución Española, de forma que las tasas puedan ocupar un lugar efectivo entre los ingresos no financieros de los Entes públicos, absolutamente concentrados en estos momentos más que en la figura del tributo en general, en la del impuesto. Sólo de esta manera puede aspirarse a conseguir una estructura más diferenciada de los ingresos públicos coactivos, que haga recaer sobre los beneficiarios directos de ciertos servicios y actividades públicos el coste de su prestación, en lugar de financiarlos con impuestos generales aplicables a todos los ciudadanos. Con esta asociación del principio básico de capacidad económica y del de equivalencia o beneficio para articular determinados tributos, se espera mejorar no sólo la suficiencia del sistema en su conjunto sino los componentes de equidad y justicia del mismo, manteniendo al mismo tiempo el objetivo de contención de la presión fiscal individual presente en las leyes fiscales aprobadas en esta legislatura.

III

La presente Ley no se limita, sin embargo, a la regulación básica de las tasas en el conjunto de los ingresos tributarios, sino que aborda, también, la de los precios públicos: figura mal definida en nuestro ordenamiento y, sobre todo, insuficientemente regulada, respecto de la cual, con esa diferencia, cabría realizar prácticamente las mismas consideraciones expuestas respecto a la necesidad de acometer su reforma legislativa.

La distinción entre precio y tasa es una cuestión clásica de la Hacienda Pública, minimizada jurídicamente por la escasa significación de los ingresos procedentes del precio en el conjunto de los ingresos públicos. Sin embargo, tanto la tasa como el precio público arrancan de un mismo supuesto de hecho como es que el Ente público entrega directamente ciertos bienes o presta ciertos servicios por los que es posible obtener a cambio un ingreso. En ambos casos tendremos ingresos públicos, pero mientras que en el precio la relación que se establece es contractual y voluntaria para quien lo paga, en la tasa aparece la nota de coactividad propia del tributo y, consecuentemente, las exigencias propias del principio constitucional de legalidad para su creación y aplicación.

Resulta, por tanto, igualmente necesario acometer a nivel legal la regulación del régimen jurídico del precio público y su delimitación con las tasas, ya que la teoría jurídica de la distinción entre ambas figuras se encuentra poco desarrollada en España a todos los niveles.

Atendiendo a tal finalidad se construye un esquema basado en los siguientes principios:

Las Tasas son tributos cuyo hecho imponible consiste en la prestación de servicios o la realización de actividades en régimen de Derecho Público, que se refieran, afecten o beneficien a los sujetos pasivos. Consciente la norma de que, en ciertos supuestos, pueden prestarse servicios o realizarse actividades que, por sus características, no implican las notas propias de la tasa, la delimitación o acotamiento del campo de la misma se efectúa con dos notas: la solicitud o recepción del presupuesto de la tasa debe ser obligatoria para el obligado a satisfacerla y, además, el servicio o actividad que se presta por parte del Ente público no debe poder ser prestado por el sector privado (no puede existir concurrencia entre el sector público y el sector privado). Cuando concurran en la prestación del servicio o realización de la actividad las dos notas comentadas (obligatoriedad y no concurrencia) estaremos ante una tasa. Por el contrario, si el servicio o actividad es susceptible de ser prestado por el sector privado o bien en su solicitud no existe obligatoriedad, estaremos ante el precio público. También estaremos ante un precio público cuando la actividad consista en la concesión de la utilización privativa o aprovechamiento especial del dominio público.

IV

A las razones expuestas en los apartados anteriores para justificar la necesidad de esta Ley hay que añadir la que deriva de la inexcusable cohesión que debe existir entre la regulación de estas figuras a efectos del sistema tributario general y la aplicable en el de las Haciendas Territoriales. Mientras que la tasa y el precio son figuras prácticamente residuales en la financiación del Estado, su importancia es evidente en los presupuestos de las Corporaciones locales, donde han alcanzado notable desarrollo. De aquí que la promulgación de la Ley de Financiación de las Haciendas Locales haga necesario unificar las soluciones normativas de ordenación de las tasas y de los precios públicos contenidas en el sistema tributario del Estado, de las Comunidades Autónomas y de las Entidades Locales, para garantizar la máxima coherencia en la técnica fiscal de los tres niveles territoriales de organización del Estado.

V

En resumen, con la presente Ley se pretende básicamente:

a) Disponer de un instrumento legal para la racionalización y simplificación del sistema tributario y, en concreto, del subsistema de tasas y exacciones parafiscales, que permita, al mismo tiempo, diferenciar la financiación presupuestaria mediante ingresos tributarios en base a la combinación del principio de equivalencia con el de capacidad contributiva.

b) Flexibilizar legalmente la utilización de este instrumento de financiación pública, mediante la incorporación al régimen tributario general de los criterios de la legislación reguladora de las Haciendas Locales y de la doctrina del Tribunal Constitucional sobre el principio de legalidad en materia tributaria.

c) Delimitar los conceptos de tasa y precios públicos, así como el régimen de exigencia de estos últimos. Con ello dejarán de producirse confusiones entre una y otra institución y podrán clasificarse adecuadamente los distintos supuestos que vayan apareciendo en la realidad.

TÍTULO PRIMERO
Disposiciones generales

Artículo 1. *Objeto*

La presente Ley tiene por objeto la regulación del régimen jurídico de los siguientes recursos de Derecho público:

a) Tasas.

b) Precios públicos.

Artículo 2. *Delimitación del ámbito de aplicación de la Ley*

Los preceptos de esta Ley no serán aplicables a:

a) Las cotizaciones al sistema de la Seguridad Social y las de naturaleza idéntica que se recauden conjuntamente con aquéllas.

b) La contraprestación por las actividades que realicen y los servicios que presten las Entidades y Organismos públicos que actúen según normas de derecho privado.

c) Los recursos de las Cámaras de Comercio, Industria y Navegación, que continuarán regulándose por su legislación específica.

Artículo 3. *Medidas presupuestarias*

1. Los recursos regulados en esta Ley correspondientes al Estado y sus Organismos autónomos, se ingresarán en las cajas del Tesoro Público o en cuentas bancarias autorizadas por el Ministerio de Economía y Hacienda.

2. La recaudación, custodia e ingresos de los derechos correspondientes a otros Entes se regirá por las normas que sean de aplicación a los mismos.

3. El rendimiento de los recursos a que se refiere el artículo primero de esta Ley se aplicará íntegramente al Presupuesto de ingresos que corresponda, sin que pueda efectuarse detracción ni minoración alguna, salvo lo dispuesto en el artículo 12.

4. El Ministro de Economía y Hacienda podrá proponer al Gobierno o al Ministro del ramo el establecimiento de ingresos de Derecho público regulados en la presente Ley, por parte de aquellos Organos de la Administración del Estado, Organismos o Entes que no los apliquen, así como su actualización, cuando proceda.

Artículo 4. *Responsabilidades*

Las autoridades, los funcionarios públicos, agentes o asimilados que de forma voluntaria y culpable exijan indebidamente una tasa o precio público, o lo hagan en cuantía mayor que la establecida, incurrirán en falta disciplinaria muy grave, sin perjuicio de las responsabilidades de otro orden que pudieren derivarse de su actuación.

Cuando adopten en la misma forma resoluciones o realicen actos que infrinjan la presente Ley y las demás normas que regulan esta materia, estarán obligados, además, a indemnizar a la Hacienda Pública por los perjuicios causados.

Artículo 5. *Servicios públicos esenciales* (1)

El establecimiento de tasas o precios públicos por la prestación de los servicios públicos de justicia, educación, sanidad, protección civil o asistencia social, sólo podrá efectuarse en los términos previstos en la ley o leyes reguladoras de los servicios de que se trate, sin perjuicio de su regulación y aplicación, cuando aquéllas lo autoricen, de conformidad con la presente Ley.

TÍTULO II
Tasas

CAPÍTULO PRIMERO
Normas generales

Artículo 6. *Concepto* (2)

Las tasas son tributos cuyo hecho imponible consiste en la utilización privativa o aprovechamiento especial del dominio público, en la prestación de servi-

(1) Este artículo ha quedado derogado por la letra b) de la disposición derogatoria única de la Ley 25/1998.

(2) Este artículo ha sido redactado por el art. 2 Ley 25/1998. En su redacción original el precepto en cuestión disponía lo siguiente:

cios o en la realización de actividades en régimen de Derecho Público que se refieran, afecten o beneficien de modo particular al sujeto pasivo, cuando se produzca cualquiera de las circunstancias siguientes:

a) Que los servicios o actividades no sean de solicitud voluntaria para los administrados. A estos efectos no se considerará voluntaria la solicitud por parte de los administrados:

— Cuando venga impuesta por disposiciones legales o reglamentarias.

— Cuando los bienes, servicios o actividades requeridos sean imprescindibles para la vida privada o social del solicitante.

b) Que no se presten o realicen por el sector privado, esté o no establecida su reserva a favor del sector público conforme a la normativa vigente.

Artículo 7. *Principio de equivalencia*

Las tasas tenderán a cubrir el coste del servicio o de la actividad que constituya su hecho imponible.

Artículo 8. *Principio de capacidad económica*

En la fijación de las tasas se tendrá en cuenta, cuando lo permitan las características del tributo, la capacidad económica de las personas que deben satisfacerlas.

Artículo 9. *Fuentes normativas de las tasas*

1. Las tasas se regirán:

a) Por los Tratados o Convenios Internacionales que contengan cláusulas en materia de tasas, publicados oficialmente en España.

b) Por la presente Ley, por la Ley General Tributaria y la Ley General Presupuestaria, en cuanto no preceptúen lo contrario.

«Artículo 6. Concepto.

Las tasas son tributos cuyo hecho imponible consiste en la prestación de servicios o la realización de actividades en régimen de Derecho público, que se refieran, afecten o beneficien a los sujetos pasivos, cuando concurran las dos siguientes circunstancias:

a) Que sean de solicitud o recepción obligatoria por los administrados.

b) Que no puedan prestarse o realizarse por el sector privado, por cuanto impliquen intervención en la actuación de los particulares o cualquier otra manifestación del ejercicio de autoridad o porque, en relación a dichos servicios, esté establecida su reserva a favor del sector público conforme a la normativa vigente.»

c) En su caso por la Ley propia de cada tasa.

d) Por las normas reglamentarias dictadas en desarrollo de estas Leyes.

2. La presente Ley se aplicará supletoriamente respecto de la legislación que regula las tasas de las Comunidades Autónomas y las Haciendas Locales.

Artículo 10. *Establecimiento y regulación* (3)

1. El establecimiento de las tasas así como la regulación de sus elementos esenciales de cada una de ellas deberá realizarse con arreglo a la Ley.

2. Son elementos esenciales de las tasas los determinados por la presente Ley en el capítulo siguiente.

3. Cuando se autorice por Ley, con subordinación a los criterios o elementos de cuantificación que determine la misma, se podrán concretar mediante norma reglamentaria las cuantías exigibles para cada tasa.

Artículo 11. *Previsión presupuestaria*

La exacción de las tasas ha de estar prevista en los Presupuestos de los Entes públicos.

Artículo 12. *Devolución*

Procederá la devolución de las tasas que se hubieran exigido, cuando no se realice su hecho imponible por causas no imputables al sujeto pasivo.

CAPÍTULO II
La relación jurídico-tributaria de tasa

Artículo 13. *Hecho imponible*

Podrán establecerse tasas por la prestación de servicios o realización de actividades en régimen de Derecho público consistentes en:

(3) Este artículo ha sido redactado por el art. 2 Ley 25/1998. En su redacción original el precepto en cuestión disponía lo siguiente:

«Artículo 10. Establecimiento y regulación.

1. La creación y determinación de los elementos esenciales de las tasas deberá realizarse con arreglo a la Ley.

2. Son elementos esenciales de las tasas los determinados por la presente Ley en el capítulo siguiente. Con sujeción a lo dispuesto en el mismo, el Gobierno, mediante Real Decreto, podrá acordar la aplicación y desarrollar la regulación de cada tasa.»

a) La tramitación o expedición de licencias, visados, matrículas o autorizaciones administrativas.

b) La expedición de certificados o documentos a instancia de parte.

c) Legalización y sellado de libros.

d) Actuaciones técnicas y facultativas de vigilancia, dirección, inspección, investigación, estudios, informes, asesoramiento, comprobación, reconocimiento o prospección.

e) Examen de proyectos, verificaciones, contrastaciones, ensayos u homologaciones.

f) Valoraciones y tasaciones.

g) Inscripciones y anotaciones en Registros oficiales y públicos.

h) Servicios académicos y complementarios.

i) Servicios portuarios y aeroportuarios.

j) Servicios sanitarios.

k) Actividades o servicios relacionados con los controles aduaneros.

l) Servicios o actividades en general que se refieran, afecten o beneficien a personas determinadas o que hayan sido motivados por éstas, directa o indirectamente.

Artículo 14. *Aplicación territorial.*

Las tasas por servicios o actividades públicos se exigirán por el hecho de la prestación o realización de los mismos, sin que tenga relevancia a estos efectos que el lugar donde se preste el servicio o se realice la actividad se encuentre fuera del territorio nacional.

Artículo 15. *Devengo.*(4)

1. Las tasas podrán devengarse, según la naturaleza de su hecho imponible:

---

(4) Este artículo ha sido redactado por el art. 2 Ley 25/1998. En su redacción original el precepto en cuestión disponía lo siguiente:

«Artículo 15. Devengo.

1. Las tasas podrán devengarse, según la naturaleza de su hecho imponible:

a) Cuando se inicie la prestación del servicio o se realice la actividad, sin perjuicio de la posibilidad de exigir su depósito previo.

a) Cuando se conceda la utilización privativa o el aprovechamiento especial o cuando se inicie la prestación del servicio o la realización de la actividad, sin perjuicio de la posibilidad de exigir su depósito previo.

b) Cuando se presente la solicitud que inicie la actuación o el expediente, que no se realizará o tramitará sin que se haya efectuado el pago correspondiente

2. Cuando las tasas se devenguen periódicamente, una vez notificada la liquidación correspondiente al alta en el respectivo registro, padrón o matrícula, podrán notificarse colectivamente las sucesivas liquidaciones mediante anuncios en el «Boletín Oficial del Estado».

Artículo 16. *Sujeto pasivo* (5)

1. Serán sujetos pasivos de las tasas, las personas físicas o jurídicas beneficiarias de la utilización privativa o aprovechamiento especial del dominio público o a quienes afecten o beneficien, personalmente o en sus bienes, los servicios o actividades públicos que constituyen su hecho imponible.

2. En su caso, tendrán la consideración de sujetos pasivos las herencias yacentes, comunidades de bienes y demás Entidades que, carentes de personalidad jurídica, constituyan una unidad económica o un patrimonio separado susceptible de imposición.

Artículo 17. *Responsables*

1. Sin perjuicio de lo previsto en la Ley General Tributaria en materia de responsabilidad y garantías de la deuda tributaria, responderán solidariamente de las tasas, las Entidades o Sociedades aseguradoras de riesgos que motiven actuaciones o servicios administrativos que constituyan el hecho imponible de una tasa.

---

b) Cuando se presente la solicitud que inicie la actuación o el expediente, que no se realizará o tramitará sin que se haya efectuado el pago correspondiente.

2. Cuando las tasas se devenguen periódicamente, una vez notificada la liquidación correspondiente al alta en el respectivo registro, padrón o matrícula, podrán notificarse colectivamente las sucesivas liquidaciones mediante anuncios en 'Boletín Oficial del Estado'.»

(5) Este artículo ha sido redactado por el art. 2 Ley 25/1998. En su redacción original el precepto en cuestión disponía lo siguiente:

«Artículo 16. Sujeto pasivo.

1. Serán sujetos pasivos de las tasas, las personas físicas o jurídicas a quienes afecten o beneficien, personalmente o en sus bienes, los servicios o actividades públicos que constituyen su hecho imponible.

2. En su caso, tendrán la consideración de sujetos pasivos las herencias yacentes, comunidades de bienes y demás Entidades que, carentes de personalidad jurídica, constituyan una unidad económica o un patrimonio separado susceptibles de imposición.»

2. En las tasas establecidas por razón de servicios o actividades que beneficien a los usuarios u ocupantes de viviendas, naves, locales o, en general de inmuebles, serán responsables subsidiarios los propietarios de dichos inmuebles.

Artículo 18. *Exenciones y bonificaciones*

Sin perjuicio de lo previsto en el artículo 8, no se admitirá, en materia de tasas, beneficio tributario alguno, salvo a favor del Estado y los demás Entes públicos territoriales o institucionales o como consecuencia de lo establecido en los Tratados o Acuerdos Internacionales.

Artículo 19. *Elementos cuantitativos de la tasa* (6)

1. El importe de las tasas por la utilización privativa o aprovechamiento especial del dominio público se fijará tomando como referencia el valor de mercado correspondiente o el de la utilidad derivada de aquélla.

2. En general y con arreglo a lo previsto en el párrafo siguiente, el importe de las tasas por la prestación de un servicio o por la realización de una actividad no podrá exceder, en su conjunto, del coste real o previsible del servicio o actividad de que se trate o, en su defecto, del valor de la prestación recibida.

3. Para la determinación de dicho importe se tomarán en consideración los costes directos e indirectos, inclusive los de carácter financiero, amortización del inmovilizado y, en su caso, los necesarios para garantizar el mantenimiento y un desarrollo razonable del servicio o actividad por cuya prestación o realización se exige la tasa, todo ello con independencia del Presupuesto con cargo al cual se satisfagan.

4. La cuota tributaria podrá consistir en una cantidad fija señalada al efecto, determinarse en función de un tipo de gravamen aplicable sobre elementos cuan-

---

(6) Este artículo ha sido redactado por el art. 2 Ley 25/1998. En su redacción original el precepto en cuestión disponía lo siguiente:

«Artículo 19. Elementos cuantitativos de la tasa.

1. El importe estimado de las tasas por la prestación de un servicio o por la realización de una actividad no podrá exceder en su conjunto del coste real o previsible del servicio o actividad de que se trate y, en su defecto, del valor de la prestación recibida.

2. Para la determinación de la cuantía o tarifa de la tasa se tomarán en consideración los gastos directos o indirectos que contribuyen a la formación del coste total del servicio o actividad, incluso los de carácter financiero, amortización de inmovilizado y generales que sean de aplicación, todo ello con independencia del Presupuesto u Organismo que los satisfaga.

3. La cuota tributaria podrá consistir en una cantidad fija señalada al efecto, determinarse en función de un tipo de gravamen aplicable sobre elementos cuantitativos que sirvan de base imponible o establecerse conjuntamente por ambos procedimientos, según se disponga en el correspondiente Real Decreto.»

titativos que sirvan de base imponible o establecerse conjuntamente por ambos procedimientos.

Artículo 20. *Memoria económico-financiera* (7)

1. Toda propuesta de establecimiento de una nueva tasa o de modificación específica de las cuantías de una preexistente, deberá incluir entre los antecedentes y estudios previos para su elaboración, una Memoria económico-financiera sobre el coste o valor del recurso o actividad de que se trate y sobre la justificación de la cuantía de la tasa propuesta.

La falta de este requisito determinará la nulidad de pleno derecho de las disposiciones reglamentarias que determinen las cuantías de las tasas.

2. Cuando la utilización privativa o aprovechamiento especial del dominio público lleve aparejada una destrucción o deterioro del mismo no prevista en la Memoria económico-financiera a que se refiere el apartado anterior, el sujeto pasivo de la tasa, sin perjuicio del pago de la misma, estará obligado al reintegro del coste total de los respectivos gastos de reconstrucción o reparación. Si los daños fuesen irreparables, la indemnización consistirá en una cuantía igual al valor de los bienes destruidos o al importe del deterioro de los dañados.

CAPÍTULO III
Gestión y liquidación de las tasas

Artículo 21. *Pago*

El pago de las tasas podrá hacerse en efectivo o mediante el empleo de efectos timbrados, según se disponga reglamentariamente.

Artículo 22. *Gestión*

1. La gestión de las tasas corresponde al Ministerio de Economía y Hacienda, sin perjuicio de lo dispuesto en la normativa reguladora de la Hacienda de las

(7) Este artículo ha sido redactado por el art. 2 Ley 25/1998. En su redacción original el precepto en cuestión disponía lo siguiente:

«Artículo 20. Memoria económico-financiera.

Los proyectos de Real Decreto que acuerden la aplicación de una tasa y aquéllos que desarrollen la regulación de la cuantía de la misma deberán incluir, entre los antecedentes y estudios previos para su elaboración, una Memoria económico-financiera sobre el coste, o valor del recurso o actividad de que se trate y sobre la justificación de la cuantía de la tasa propuesta.

La falta de este requisito determinará la nulidad de pleno derecho de la disposición.»

Comunidades Autónomas y de las demás Haciendas Territoriales o en las leyes reguladoras de cada tasa.

2. De acuerdo con la naturaleza y características de cada tasa, podrá establecerse reglamentariamente la participación en el procedimiento de gestión tributaria, de otros Departamentos ministeriales, Entes u Organismos distintos del Ministerio de Economía y Hacienda.

3. En la gestión de las tasas se aplicarán, en todo caso, los principios y procedimientos de la Ley General Tributaria y, en particular, las normas reguladoras de las liquidaciones tributarias, la recaudación, la inspección de los tributos y la revisión de actos en vía administrativa.

Artículo 23. *Autoliquidación*

Los sujetos pasivos de las tasas estarán obligados a practicar operaciones de autoliquidación tributaria y a realizar el ingreso de su importe en el Tesoro, cuando así se prevea reglamentariamente.

TÍTULO III
Precios públicos

Artículo 24. *Concepto* (8)

Tendrán la consideración de precios públicos las contraprestaciones pecuniarias que se satisfagan por la prestación de servicios o la realización de actividades efectuadas en régimen de Derecho Público cuando, prestándose también tales servicios o actividades por el sector privado, sean de solicitud voluntaria por parte de los administrados.

---

(8) Este artículo ha sido redactado por el art. 2 Ley 25/1998. En su redacción original el precepto en cuestión disponía lo siguiente:

«Artículo 24. Concepto.

1. Tendrán la consideración de precios públicos las contraprestaciones pecuniarias que se satisfagan por:

a) La utilización privativa o el aprovechamiento especial del dominio público.

b) Las prestaciones de servicios y las entregas de bienes accesorios a las mismas efectuadas por los servicios públicos postales.

c) Las prestación de servicios o realización de actividades efectuadas en régimen de Derecho público cuando concurran alguna de las circunstancias siguientes:

— Que los servicios o las actividades no sean de solicitud o recepción obligatoria por los administrados.

— Que los servicios o las actividades sean susceptibles de ser prestados o realizadas por el sector privado, por no implicar intervención en la actuación de los particulares o cualquier otra manifestación de autoridad, o bien por no tratarse de servicios en los que esté declarada la reserva a favor del sector público conforme a la normativa vigente.

Artículo 25. *Cuantía* (9)

1. Los precios públicos se determinarán a un nivel que cubra como mínimo los costes económicos originados por la realización de las actividades o la prestación de los servicios o a un nivel que resulte equivalente a la utilidad derivada de los mismos.

2. Cuando existan razones sociales, benéficas, culturales o de interés público que así lo aconsejen, podrán señalarse precios públicos que resulten inferiores a los parámetros previstos en el apartado anterior, previa adopción de las previsiones presupuestarias oportunas para la cobertura de la parte del precio subvencionada.

Artículo 26. *Establecimiento y modificación* (10)

1. El establecimiento o modificación de la cuantía de los precios públicos se hará:

---

2. A efectos de lo dispuesto en la letra c) del número anterior no se considerará voluntaria la solicitud por parte de los administrados:

a) Cuando les venga impuesta por disposiciones legales o reglamentarias.

b) Cuando constituya condición previa para realizar cualquier actividad u obtener derechos o efectos jurídicos determinados.»

Esta redacción original del art. 24 LTPP fue declarada inconstitucional casi en su totalidad por la STC 185/1995.

(9) Este artículo ha sido redactado por el art. 2 Ley 25/1998. En su redacción original el precepto en cuestión disponía lo siguiente:

«Artículo 25. Cuantía.

1. Los precios públicos se establecerán a un nivel que cubra como mínimo los costes económicos originados por la realización de las actividades o la prestación de los servicios o que resulte equivalente a la utilidad derivada de los mismos.

El importe de los precios públicos por la utilización privativa o aprovechamiento especial del dominio público se fijará tomando como referencia el valor de mercado correspondiente o el de la utilidad derivada de aquéllos. En los supuestos de permisos y concesiones de minas e hidrocarburos, se tendrá en cuenta la superficie objeto del derecho.

2. Cuando existan razones sociales, benéficas, culturales o de interés público que así lo aconsejen, podrán señalarse precios públicos que resulten inferiores a los parámetros previstos en el apartado anterior, previa adopción de las previsiones presupuestarias oportunas para la cobertura de la parte del precio subvencionada.

3. Cuando la utilización privativa o el aprovechamiento especial lleve aparejada una destrucción o deterioro del dominio público no prevista en la Memoria económico-financiera a que se refiere el artículo siguiente, el beneficiario, sin perjuicio del pago del precio público a que hubiere lugar, estará obligado al reintegro del coste total de los respectivos gastos de reconstrucción o reparación. Si los daños fuesen irreparables la indemnización consistirá en una cuantía igual al valor de los bienes destruidos o al importe del deterioro de los dañados.»

(10) Este artículo ha sido redactado por el art. 2 Ley 25/1998. En su redacción original el precepto en cuestión disponía lo siguiente:

a) Por Orden del Departamento Ministerial del que dependa el órgano que ha de percibirlos y a propuesta de éste.

b) Directamente por los Organismos públicos, previa autorización del Departamento Ministerial del que dependan.

2. Toda propuesta de establecimiento o modificación de la cuantía de precios públicos deberá ir acompañada de una Memoria económico-financiera que justificará el importe de los mismos que se proponga y el grado de cobertura financiera de los costes correspondientes.

Artículo 27. *Administración y cobro de los precios públicos* (11)

1. La Administración y cobro de los precios públicos se realizará por los Departamentos y Organismos públicos que hayan de percibirlos.

«Artículo 26. Fijación.

1. La fijación o modificación de la cuantía de los precios públicos se realizará, salvo que una Ley especial disponga lo contrario:

a) Por Orden del Departamento Ministerial del que dependa el Órgano o Ente que ha de percibirlos y a propuesta de éstos.

b) Directamente por los Organismos Autónomos de carácter comercial, industrial o financiero, previa autorización del Ministerio de que dependan, cuando se trate de precios correspondientes a la prestación de servicios o a la venta de bienes que constituyan el objeto de su actividad.

2. Toda propuesta de fijación o modificación de precios públicos deberá ir acompañada de una Memoria económico-financiera que justificará el importe de los mismos que se proponga, el grado de cobertura financiera de los costes correspondientes y, en su caso, las utilidades derivadas de la realización de las actividades y la prestación de los servicios o los valores de mercado que se hayan tomado como referencia.»

(11) Este artículo ha sido redactado por el art. 2 Ley 25/1998. En su redacción original el precepto en cuestión disponía lo siguiente:

«Artículo 27. Administración y cobro de los precios públicos.

1. La Administración y cobro de los precios públicos se realizará por los Organismos, Servicios, Órganos o Entes que hayan de percibirlos.

2. Los precios públicos podrán exigirse desde que se efectúe la entrega de bienes, se conceda la utilización privativa o aprovechamiento especial del dominio público o se inicie la prestación de servicios que justifican su exigencia.

3. El pago de los precios públicos se realizará en efectivo o mediante el empleo de efectos timbrados.

4. Podrá exigirse la anticipación o el depósito previo del importe total o parcial de los precios públicos.

5. Cuando por causas no imputables al obligado al pago del precio público no se realice la actividad, no tenga lugar la utilización privativa o aprovechamiento especial del dominio público o no se preste el servicio, procederá la devolución del importe que corresponda o, tratándose de espectáculos el canje de las entradas cuando ello fuera posible.

6. Las deudas por precios públicos podrán exigirse mediante el procedimiento administrativo de apremio cuando hayan transcurrido seis meses desde su vencimiento sin que se haya podido conseguir su cobro a pesar de haberse realizado las gestiones oportunas.

2. Los precios públicos podrán exigirse desde que se efectúe la entrega de bienes o se inicie la prestación de servicios que justifican su exigencia.

3. El pago de los precios públicos se realizará en efectivo o mediante el empleo de efectos timbrados.

4. Podrá exigirse la anticipación o el depósito previo del importe total o parcial de los precios públicos.

5. Cuando por causas no imputables al obligado al pago del precio público no se preste el servicio o no se realice la actividad, procederá la devolución del importe que corresponda o, tratándose de espectáculos, el canje de las entradas cuando ello fuera posible.

6. Las deudas por precios públicos podrán exigirse mediante el procedimiento administrativo de apremio conforme a la normativa vigente.

7. En lo no previsto expresamente en la presente Ley la administración y cobro de los precios públicos se realizará de conformidad con lo previsto en la Ley General Presupuestaria y demás normas que resulten de aplicación a los mismos.

DISPOSICIONES ADICIONALES

Primera. *Modificación de la Ley General Tributaria* (12)

A partir de la entrada en vigor de esta Ley el artículo 26.1.a), de la Ley 230/1963, de 28 de diciembre, General Tributaria, quedará redactado en los siguientes términos:

«26.1.a) Las tasas son tributos cuyo hecho imponible consiste en la prestación de servicios o la realización de actividades en régimen de Derecho público que se refieran, afecten o benenficien a los sujetos pasivos, cuando concurran las dos siguientes circunstancias:

a) Que sean de solicitud o recepción obligatoria por los administrados.

Al término de dicho período, los sujetos a que se refiere el apartado 1 de este artículo podrán solicitar del Ministerio de Economía y Hacienda que proceda al cobro de los precios por el procedimiento de apremio y, a tal efecto, acompañarán la correspondiente relación de deudores y los justificantes acreditativos de las circunstancias previstas en el párrafo anterior.

7. En lo no previsto expresamente en la presente Ley la administración y cobro de los precios públicos se realizará de conformidad con lo previsto en la Ley General Presupuestaria y demás normas que resulten de aplicación a los mismos.»

(12) Esta disposición adicional ha quedado derogada por la letra b) de la disposición derogatoria única de la Ley 25/1998.

b) Que no puedan prestarse o realizarse por el sector privado por cuanto impliquen intervención en la actuación de los particulares o cualquier otra manifestación del ejercicio de autoridad o porque, en relación a dichos servicios, esté establecida su reserva a favor del sector público conforme a la normativa vigente.»

Segunda. *Exacciones reguladoras de precios*

El establecimiento de exacciones con finalidad exclusiva de regular el precio de productos determinados podrá efectuarse por medio del Real Decreto, en el que se contendrán las siguientes determinaciones:

a) Sujeto pasivo y objeto.

b) Base y tipo máximo cuando se fije un porcentaje y, en los demás casos, los elementos y factores que determinen su cuantía.

c) Destino o aplicación concreto que haya de darse al producto de la percepción.

d) Organismo encargado de su gestión.

Tercera. *Aranceles de funcionarios públicos*

1. A partir de la entrada en vigor de la presente Ley, las percepciones fijadas en Arancel aprobado legalmente que se cobren directamente por el funcionario se sujetarán en su establecimiento, modificación y exacción, a los preceptos contenidos en esta Disposición Adicional y en sus demás normas reguladoras que no resulten contrarias a lo previsto en la misma.

2. En general, los Aranceles se determinarán a un nivel que permita la cobertura de los gastos de funcionamiento y conservación de las oficinas en que se realicen las actividades o servicios de los funcionarios, incluida su retribución profesional.

Los Aranceles se aplicarán sobre los valores comprobados fiscalmente de los hechos, actos o negocios jurídicos y, a falta de aquéllos, sobre los consignados por las partes en el correspondiente documento, salvo en aquellos casos en que las características de las actividades de los correspondientes funcionarios no lo permitan.

La liquidación de Arancel quedará incorporada al documento público correspondiente. La base de aplicación de los Aranceles, con mención del número del Arancel y honorarios que correspondan a cada acto se reflejarán por el funcionario al pie de la escritura o documento matriz y de todas sus copias y del asiento, certificación o nota extendidas y, en su caso, del documento entregado al interesado.

3. Los funcionarios públicos que, mediando dolo o culpa grave, infrinjan lo dispuesto en el párrafo segundo del apartado anterior incurrirán en falta disciplinaria muy grave que, sin perjuicio de las responsabilidades de otro orden que pudieran derivarse de su actuación, será sancionada con suspensión por plazo de cinco años y, en caso de reincidencia, con la baja definitiva del funcionario en el correspondiente Cuerpo o Escala o, en su caso, separación del servicio.

4. Los fedatarios públicos retribuidos mediante Arancel efectuarán, con ocasión de la autorización de documentos públicos o de su intervención en todo tipo de operaciones, las advertencias que procedan sobre las consecuencias fiscales o de otra índole de las declaraciones o falsedades en documento público o mercantil.

5. Los Aranceles se aprobarán por el Gobierno mediante Real Decreto propuesto conjuntamente por el Ministro de Economía y Hacienda y, en su caso, por el Ministro del que dependan los funcionarios retribuidos mediante el mismo.

Al proyecto de Real Decreto se acompañará una Memoria económico-financiera y será informado por el Consejo de Estado.

6. Sin perjuicio de las competencias propias de los Ministerios de que dependan los funcionarios retribuidos mediante Aranceles, los servicios del Ministerio de Economía y Hacienda comprobarán la aplicación que efectúen de los mismos con ocasión de la que corresponda, en su caso, realizar de la situación tributaria de dichos funcionarios, dando cuenta de las anomalías advertidas al Ministerio del que dependan, a los efectos disciplinarios que procedan.

7. El importe de los Aranceles queda afectado a la cobertura directa de los gastos de funcionamiento y conservación de las oficinas en que se realicen las actividades o servicios de los funcionarios, así como a su retribución profesional.

Cuarta. *Tratamiento fiscal de las diferencias de valor resultantes de la comprobación administrativa*

En las transmisiones onerosas por actos «*inter vivos*» de bienes y derechos que se realicen a partir de la entrada en vigor de la presente Ley, cuando el valor comprobado a efectos del Impuesto sobre Transmisiones Patrimoniales exceda del consignado por las partes en el correspondiente documento en más del 20 por 100 de éste y dicho exceso sea superior a 2.000.000 de pesetas, este último sin perjuicio de la tributación que corresponda por el Impuesto citado, tendrá para el transmitente y para el adquirente las repercusiones tributarias de los incrementos patrimoniales derivados de transmisiones a título lucrativo.

Quinta. *Adaptación de la Ley Orgánica 11/1983*

A partir de la entrada en vigor de la presente Ley, las tasas académicas y demás derechos a que se refiere la letra b) del apartado 3 del artículo 54 de la Ley Orgánica 11/1983, de 25 de agosto, de Reforma Universitaria, tendrán la consideración de precios públicos y se fijarán y regularán de acuerdo con lo establecido en el citado artículo.

Sexta. *Modificación del Texto Refundido de la Ley General Presupuestaria*

A partir de la entrada en vigor de esta Ley, el artículo 32 del Real Decreto Legislativo 1091/1988, de 23 de septiembre, por el que se aprueba el Texto Refundido de la Ley General Presupuestaria, quedará redactado en los siguientes términos:

«**Art. 32.** 1. A los fines previstos en el artículo anterior, la Hacienda del Estado gozará, entre otras, de las prerrogativas reguladas en los artículos 71, 73, 74, 75, 111, 112 y 126 de la Ley General Tributaria.

2. Los mismos derechos asisten a los Organismos Autónomos del Estado. Cuando éstos concurran con la Hacienda del propio Estado tendrán preferencia para el cobro de los créditos de esta última.»

Séptima. *Aplicación supletoria de la regulación de los precios públicos*

Lo dispuesto en el Título III de esta Ley será de aplicación supletoria respecto de la legislación que establezcan las Comunidades Autónomas y las Haciendas Locales sobre precios públicos en el ámbito de sus competencias.

Octava. *Modificación de la Ley 30/1985, de 2 de agosto, del Impuesto sobre el Valor Añadido*

El artículo 5º., apartado 6º., de la Ley 30/1985, de 2 de agosto, del Impuesto sobre El Valor Añadido, quedará modificado en su redacción en los siguientes términos:

1. Se añade una letra m) en el párrafo segundo, con el siguiente contenido:

«m) Las de matadero.»

2. Se añade un párrafo final redactado como sigue:

«Tampoco estará sujeta al Impuesto la constitución de concesiones y autorizaciones administrativas, excepto las que tengan por objeto la cesión del derecho a utilizar inmuebles o instalaciones en puertos y aeropuertos.»

DISPOSICIÓN TRANSITORIA

1. Las tasas, incluidas las de origen parafiscal y las denominadas exacciones parafiscales vigentes, continuarán exigiéndose, según las normas aplicables a la entrada en vigor de esta Ley, hasta que operen las previsiones contenidas en los artículos 10 y 26 de la misma.

2. Lo previsto en el apartado anterior será aplicable igualmente respecto de los precios de carácter público actualmente vigentes.

3. En el plazo de un año, a partir de la entrada en vigor de la presente Ley, el Gobierno elaborará nuevos Aranceles de los funcionarios públicos por el procedimiento previsto en el apartado 5 de la Disposición Adicional Tercera.

DISPOSICIÓN DEROGATORIA

A la entrada en vigor de la presente Ley quedan expresamente derogadas:

a) La Ley de 26 de diciembre de 1958, reguladora de tasas y exacciones parafiscales.

b) El artículo 11, apartado 2, de la Ley de 26 de diciembre de 1958, sobre régimen jurídico de las Entidades Estatales Autónomas.

DISPOSICIÓN FINAL

La presente Ley entrará en vigor el día siguiente al de su publicación en el «Boletín Oficial del Estado».

4. Ley Orgánica 8/1980, de 22 de septiembre, de Financiación de las Comunidades Autónomas

* * *

Artículo 7. (*)

1. Las Comunidades Autónomas podrán establecer tasas por la utilización de su dominio público, así como por la prestación de servicios públicos o la realización de actividades en régimen de Derecho público de su competencia, que se

(*) Los apartados 1 y 2 de este artículo han sido redactados por Ley Orgánica 3/1996.

Con anterioridad dichos apartados 1 y 2 habían sido redactados por Ley Orgánica 1/1989. Así, el artículo 7 LOFCA resultante de esa redacción disponía lo siguiente:

refieran, afecten o beneficien de modo particular a los sujetos pasivos cuando concurra cualquiera de las circunstancias siguientes:

a) Que no sean de solicitud voluntaria para los administrados. A estos efectos no se considerará voluntaria la solicitud por parte de los administrados:

— Cuando venga impuesta por disposiciones legales o reglamentarias.

— Cuando los bienes, servicios o actividades requeridos sean imprescindibles para la vida privada o social del solicitante.

b) Que no se presten o realicen por el sector privado, esté o no establecida su reserva a favor del sector público conforme a la normativa vigente.

2. Cuando el Estado o las Corporaciones Locales transfieran a las Comunidades Autónomas bienes de dominio público para cuya utilización estuvieran establecidas tasas o competencias en cuya ejecución o desarrollo presten servicios o realicen actividades igualmente gravadas con tasas, aquéllas y éstas se considerarán como tributos propios de las respectivas Comunidades.

«Artículo 7.

1. Las Comunidades Autónomas podrán establecer tasas por la prestación de servicios o la realización de actividades que se refieran, afecten o beneficien a los sujetos pasivos cuando concurran las dos siguientes circunstancias:

a) Que sean de solicitud o recepción obligatoria por los administrados.

b) Que no pueden prestarse o realizarse por el sector privado por cuanto impliquen intervención en la actuación de los particulares o cualquier otra manifestación del ejercicio de autoridad o porque, en relación a dichos servicios, esté establecida su reserva a favor del sector público conforme a la normativa vigente.

2. Cuando el Estado o las Corporaciones Locales traspasen a las Comunidades Autónomas funciones en cuya ejecución o desarrollo presten servicios o realicen actividades gravadas con tasas, éstas se considerarán como tributos propios de las respectivas Comunidades.

3. El rendimiento previsto para cada tasa por la prestación de servicios o realización de actividades no podrá sobrepasar el coste de dichos servicios o actividades.

4. Para la fijación de las tarifas de las tasas podrán tenerse en cuenta criterios genéricos de capacidad económica, siempre que la naturaleza de aquélla se lo permita.»

En su redacción original el artículo 7 LOFCA disponía lo siguiente:

«Artículo 7.

1. Las Comunidades Autónomas podrán establecer tasas sobre la utilización de su dominio público, la prestación por ellas de un servicio público o la realización por las mismas de una actividad que se refiera, afecte o beneficie de modo particular al sujeto pasivo.

2. Cuando el Estado o las Corporaciones locales transfieran a las Comunidades Autónomas bienes de dominio público para cuya utilización estuvieran establecidas tasas o competencia en cuya ejecución o desarrollo presten servicios o realicen actividades igualmente gravadas con tasas, aquéllas y éstas se considerarán como tributos propios de las respectivas Comunidades.

3. El rendimiento previsto para cada tasa por la prestación de servicios o realización de actividades no podrá sobrepasar el coste de dichos servicios o actividades.

4. Para la fijación de las tarifas de las tasas podrán tenerse en cuenta criterios genéricos de capacidad económica, siempre que la naturaleza de aquélla se lo permita.»

3. El rendimiento previsto para cada tasa por la prestación de servicios o realización de actividades no podrá sobrepasar el coste de dichos servicios o actividades.

4. Para la fijación de las tarifas de las tasas podrán tenerse en cuenta criterios genéricos de capacidad económica, siempre que la naturaleza de aquélla se lo permita.

* * *

5. Ley 25/1998, de 13 de julio, de modificación del régimen legal de las tasas estatales y locales y de reordenación de las prestaciones patrimoniales de carácter público

PREÁMBULO

La Sentencia del Tribunal Constitucional 185/1995, de 14 de diciembre, declaró la inconstitucionalidad de los párrafos a) y b) del artículo 24 de la Ley 8/1989, de 13 de abril, de Tasas y Precios Públicos, así como de ciertas expresiones contenidas en el párrafo c) de dicho artículo, con los efectos que se indican en el Fundamento Décimo de la propia Sentencia.

Para el Tribunal Constitucional, la categoría de los precios públicos, tal y como se regulan por la Ley 8/1989, de 13 de abril, han de cumplir simultáneamente dos requisitos: que el supuesto de hecho que les dé lugar se realice en forma libre y espontánea o, lo que es lo mismo, que la solicitud del servicio o actividad administrativa sea una manifestación real y efectiva de voluntad por parte del interesado y que dicho servicio o actividad no se preste por los Entes de Derecho Público en situación de monopolio de hecho o de derecho.

De no concurrir ambas circunstancias, tales precios públicos, en cuanto comportan coactividad para los interesados, revisten la naturaleza de prestaciones patrimoniales de carácter público, cuya constitucionalidad depende del respeto al principio de legalidad.

Considerando no concurrentes tales caracteres delimitadores en los precios públicos previstos en la Ley de Tasas y Precios Públicos por la utilización privativa o por el aprovechamiento especial del dominio público, así como por las prestaciones de servicios y entregas de bienes accesorias a las mismas efectuadas por los servicios públicos postales, el Tribunal Constitucional concluye que ambos precios públicos, en cuanto tales, vulneran el principio de reserva de ley y, consiguientemente, declara su inconstitucionalidad. Declaración de inconstitucionalidad que alcanza a todos aquellos otros precios públicos que no reúnan de forma simultánea las dos características delimitadoras antes señaladas.

El Real Decreto-Ley 2/1996, de 26 de enero, en función de las consideraciones anteriores, dotó de cobertura legal, con carácter inmediato y provisional, a aquellos precios públicos que, nacidos al amparo de la Ley 8/1989 y afectados por la Sentencia del Tribunal Constitucional, debían configurarse como prestaciones patrimoniales de carácter público.

Asimismo, el Gobierno, en el plazo de seis meses, debía remitir a las Cortes el correspondiente Proyecto de Ley de reordenación de la regulación de las prestaciones patrimoniales afectadas por la Sentencia del Tribunal Constitucional, plazo que quedó prorrogado por el Real Decreto-Ley 7/1996, de 7 de junio, sobre medidas urgentes de carácter fiscal y de fomento y liberalización de la actividad económica.

Con posterioridad, la Ley Orgánica 3/1996, de 27 de diciembre, de modificación parcial de la Ley Orgánica 8/1980, de 22 de septiembre, de financiación de las Comunidades Autónomas, ha venido a dar un nuevo concepto de tasa en el ámbito de actuación de las mismas, concepto al que debe adaptarse la propia Ley de Tasas y Precios Públicos y la Ley General Tributaria con objeto de coordinar la actuación de las distintas Administraciones Públicas.

Como consecuencia de la nueva definición de tasa que se establece en la presente Ley y de la doctrina del Tribunal Constitucional en cuanto al principio de reserva de ley en materia tributaria, debe procederse a reordenar y regular las diferentes prestaciones de carácter público que actualmente vienen gestionando la Administración General del Estado y sus entes públicos, configurando los elementos esenciales de su, en ocasiones, nueva y, en otras, recuperada naturaleza jurídica de tasa y ello sin perjuicio, conforme a la doctrina citada y a las peculiaridades de este tipo de tributos, de que la ley contenga remisiones a normas reglamentarias infraordenadas a los criterios o límites prefijados en la propia Ley.

Por último, la presente Ley aborda también una solución idéntica en el ámbito de las Haciendas Locales, ya que si bien la Sentencia 185/1995, de 14 de diciembre, se circunscribe al contenido de la Ley 8/1989 en materia de precios públicos establecidos por la Administración estatal, sin pronunciamiento alguno respecto a la normativa vigente sobre precios públicos locales recogida en la Ley 39/1988, de 28 de diciembre, reguladora de las Haciendas Locales, en la medida en que, de un lado, unos y otros precios participan del mismo fundamento y, de otro, la nueva delimitación que del concepto de tasa hace la Ley se inspira en los pronunciamientos de dicha Sentencia, parece conveniente modificar también la regulación de las tasas y precios públicos locales para adaptarlos a la configuración que se establece en el ámbito estatal.

TÍTULO PRIMERO
Modificación de la Ley 230/1963, de 28 de diciembre, General Tributaria y de la Ley de Tasas y Precios Públicos

Artículo 1. *Modificación de la Ley 230/1963, de 28 de diciembre, General Tributaria*

Se modifica la letra a) del apartado 1) del artículo 26 de la Ley 230/1963, de 28 de diciembre, General Tributaria, que queda redactada en los términos siguientes:

«a) Tasas son aquellos tributos cuyo hecho imponible consiste en la utilización privativa o el aprovechamiento especial del dominio público, en la prestación de servicios o en la realización de actividades en régimen de Derecho Público que se refieran, afecten o beneficien de modo particular al sujeto pasivo, cuando se produzca cualquiera de las circunstancias siguientes:

Primera. Que los servicios o las actividades no sean de solicitud o recepción voluntaria para los administrados. A estos efectos no se considerará voluntaria la solicitud o recepción por parte de los administrados:

— Cuando venga impuesta por disposiciones legales o reglamentarias.

— Cuando los bienes, servicios o actividades requeridos sean imprescindibles para la vida privada o social del solicitante.

Segunda. Que no se presten o realicen por el sector privado, esté o no establecida su reserva a favor del sector público conforme a la normativa vigente.»

Artículo 2. *Modificación de la Ley 8/1989, de 13 de abril, de Tasas y Precios Públicos*

Se modifican los artículos 6, 10, 15, 16, 19, 20, 24, 25, 26 y 27 de la Ley 8/1989, de 13 de abril, que pasarán a tener la siguiente redacción:

«**Artículo 6.** *Concepto*

Las tasas son tributos cuyo hecho imponible consiste en la utilización privativa o aprovechamiento especial del dominio público, en la prestación de servicios o en la realización de actividades en régimen de Derecho Público que se refieran, afecten o beneficien de modo particular al sujeto pasivo, cuando se produzca cualquiera de las circunstancias siguientes:

a) Que los servicios o actividades no sean de solicitud voluntaria para los administrados. A estos efectos no se considerará voluntaria la solicitud por parte de los administrados:

— Cuando venga impuesta por disposiciones legales o reglamentarias.

— Cuando los bienes, servicios o actividades requeridos sean imprescindibles para la vida privada o social del solicitante.

b) Que no se presten o realicen por el sector privado, esté o no establecida su reserva a favor del sector público conforme a la normativa vigente.»

«**Artículo 10.** *Establecimiento y regulación*

1. El establecimiento de las tasas así como la regulación de sus elementos esenciales de cada una de ellas deberá realizarse con arreglo a la Ley.

2. Son elementos esenciales de las tasas los determinados por la presente Ley en el capítulo siguiente.

3. Cuando se autorice por Ley, con subordinación a los criterios o elementos de cuantificación que determine la misma, se podrán concretar mediante norma reglamentaria las cuantías exigibles para cada tasa.»

«**Artículo 15.** *Devengo*

2. Las tasas podrán devengarse, según la naturaleza de su hecho imponible:

c) Cuando se conceda la utilización privativa o el aprovechamiento especial o cuando se inicie la prestación del servicio o la realización de la actividad, sin perjuicio de la posibilidad de exigir su depósito previo.

d) Cuando se presente la solicitud que inicie la actuación o el expediente, que no se realizará o tramitará sin que se haya efectuado el pago correspondiente

3. Cuando las tasas se devenguen periódicamente, una vez notificada la liquidación correspondiente al alta en el respectivo registro, padrón o matrícula, podrán notificarse colectivamente las sucesivas liquidaciones mediante anuncios en el 'Boletín Oficial del Estado'.

«**Artículo 16.** *Sujetos pasivos*

1. Serán sujetos pasivos de las tasas, las personas físicas o jurídicas beneficiarias de la utilización privativa o aprovechamiento especial del dominio público o a quienes afecten o beneficien, personalmente o en sus bienes, los servicios o actividades públicos que constituyen su hecho imponible.

2. En su caso, tendrán la consideración de sujetos pasivos las herencias yacentes, comunidades de bienes y demás Entidades que, carentes de personalidad jurídica, constituyan una unidad económica o un patrimonio separado susceptible de imposición.»

«**Artículo 19.** *Elementos cuantitativos de las tasas*

1. El importe de las tasas por la utilización privativa o aprovechamiento especial del dominio público se fijará tomando como referencia el valor de mercado correspondiente o el de la utilidad derivada de aquélla.

2. En general y con arreglo a lo previsto en el párrafo siguiente, el importe de las tasas por la prestación de un servicio o por la realización de una actividad no podrá exceder, en su conjunto, del coste real o previsible del servicio o actividad de que se trate o, en su defecto, del valor de la prestación recibida.

3. Para la determinación de dicho importe se tomarán en consideración los costes directos e indirectos, inclusive los de carácter financiero, amortización del inmovilizado y, en su caso, los necesarios para garantizar el mantenimiento y un desarrollo razonable del servicio o actividad por cuya prestación o realización se exige la tasa, todo ello con independencia del Presupuesto con cargo al cual se satisfagan.

4. La cuota tributaria podrá consistir en una cantidad fija señalada al efecto, determinarse en función de un tipo de gravamen aplicable sobre elementos cuantitativos que sirvan de base imponible o establecerse conjuntamente por ambos procedimientos.»

«**Artículo 20.** *Memoria económico-financiera*

1. Toda propuesta de establecimiento de una nueva tasa o de modificación específica de las cuantías de una preexistente, deberá incluir entre los antecedentes y estudios previos para su elaboración, una Memoria económico-financiera sobre el coste o valor del recurso o actividad de que se trate y sobre la justificación de la cuantía de la tasa propuesta.

La falta de este requisito determinará la nulidad de pleno derecho de las disposiciones reglamentarias que determinen las cuantías de las tasas.

2. Cuando la utilización privativa o aprovechamiento especial del dominio público lleve aparejada una destrucción o deterioro del mismo no prevista en la Memoria económico-financiera a que se refiere el apartado anterior, el sujeto pasivo de la tasa, sin perjuicio del pago de la misma, estará obligado al reintegro del coste total de los respectivos gastos de reconstrucción o reparación. Si los

daños fuesen irreparables, la indemnización consistirá en una cuantía igual al valor de los bienes destruidos o al importe del deterioro de los dañados.»

«**Artículo 24.** *Concepto*

Tendrán la consideración de precios públicos las contraprestaciones pecuniarias que se satisfagan por la prestación de servicios o la realización de actividades efectuadas en régimen de Derecho Público cuando, prestándose también tales servicios o actividades por el sector privado, sean de solicitud voluntaria por parte de los administrados.»

«**Artículo 25**. *Cuantía*

1. Los precios públicos se determinarán a un nivel que cubra como mínimo los costes económicos originados por la realización de las actividades o la prestación de los servicios o a un nivel que resulte equivalente a la utilidad derivada de los mismos.

2. Cuando existan razones sociales, benéficas, culturales o de interés público que así lo aconsejen, podrán señalarse precios públicos que resulten inferiores a los parámetros previstos en el apartado anterior, previa adopción de las previsiones presupuestarias oportunas para la cobertura de la parte del precio subvencionada.»

«**Artículo 26.** *Establecimiento y modificación.*

1. El establecimiento o modificación de la cuantía de los precios públicos se hará:

c) Por Orden del Departamento Ministerial del que dependa el órgano que ha de percibirlos y a propuesta de éste.

d) Directamente por los Organismos públicos, previa autorización del Departamento Ministerial del que dependan.

2. Toda propuesta de establecimiento o modificación de la cuantía de precios públicos deberá ir acompañada de una Memoria económico-financiera que justificará el importe de los mismos que se proponga y el grado de cobertura financiera de los costes correspondientes.»

«**Artículo 27.** *Administración y cobro de los precios públicos*

1. La Administración y cobro de los precios públicos se realizará por los Departamentos y Organismos públicos que hayan de percibirlos.

2. Los precios públicos podrán exigirse desde que se efectúe la entrega de bienes o se inicie la prestación de servicios que justifican su exigencia.

3. El pago de los precios públicos se realizará en efectivo o mediante el empleo de efectos timbrados.

4. Podrá exigirse la anticipación o el depósito previo del importe total o parcial de los precios públicos.

5. Cuando por causas no imputables al obligado al pago del precio público no se preste el servicio o no se realice la actividad, procederá la devolución del importe que corresponda o, tratándose de espectáculos, el canje de las entradas cuando ello fuera posible.

6. Las deudas por precios públicos podrán exigirse mediante el procedimiento administrativo de apremio conforme a la normativa vigente.

7. En lo no previsto expresamente en la presente Ley la administración y cobro de los precios públicos se realizará de conformidad con lo previsto en la Ley General Presupuestaria y demás normas que resulten de aplicación a los mismos.»

* * *

TÍTULO II
Modificación de la Ley Reguladora de las Haciendas Locales

Artículo 66. *Modificación de la Ley 39/1988, de 28 de diciembre, reguladora de las Haciendas Locales*

Se modifican los artículos 20, 21, 23, 24, 25, 26, 27, 41, 44, 45, 46, 47, 58, 117, 122 y 129, así como la Disposición Adicional Sexta de la Ley 39/1988, de 28 de diciembre, reguladora de las Haciendas Locales, que quedan redactados en los siguientes términos:

«**Artículo 20.**

1. Las Entidades locales, en los términos previstos en esta Ley, podrán establecer tasas por la utilización privativa o el aprovechamiento especial del dominio público local, así como por la prestación de servicios públicos o la realización de actividades administrativas de competencia local que se refieran, afecten o beneficien de modo particular a los sujetos pasivos.

En todo caso, tendrán la consideración de tasas las prestaciones patrimoniales que establezcan las Entidades locales por:

A) La utilización privativa o el aprovechamiento especial del dominio público local.

B) La prestación de un servicio público o la realización de una actividad administrativa en régimen de derecho público de competencia local que se refiera, afecte o beneficie de modo particular al sujeto pasivo, cuando se produzca cualquiera de las circunstancias siguientes:

a) Que no sean de solicitud o recepción voluntaria para los administrados. A estos efectos no se considerará voluntaria la solicitud o la recepción por parte de los administrados:

— Cuando venga impuesta por disposiciones legales o reglamentarias.

— Cuando los bienes, servicios o actividades requeridos sean imprescindibles para la vida privada o social del solicitante.

b) Que no se presten o realicen por el sector privado, esté o no establecida su reserva a favor del sector público conforme a la normativa vigente.

2. Se entenderá que la actividad administrativa o servicio afecta o se refiere al sujeto pasivo cuando haya sido motivado directa o indirectamente por el mismo en razón de que sus actuaciones u omisiones obliguen a las Entidades locales a realizar de oficio actividades o a prestar servicios por razones de seguridad, salubridad, de abastecimiento de la población o de orden urbanístico, o cualesquiera otras.

3. Conforme a lo previsto en el apartado 1 anterior, las Entidades locales podrán establecer tasas por cualquier supuesto de utilización privativa o aprovechamiento especial del dominio público local, y en particular por los siguientes:

a) Sacas de arenas y de otros materiales de construcción en terrenos de dominio público local.

b) Construcción en terrenos de uso público local de pozos de nieve o de cisternas o algibes donde se recojan las aguas pluviales.

c) Balnearios y otros disfrutes de aguas que no consistan en el uso común de las públicas.

d) Vertido y desagüe de canalones y otras instalaciones análogas en terrenos de uso público local.

e) Ocupación del subsuelo de terrenos de uso público local.

f) Apertura de zanjas, calicatas y calas en terrenos de uso público local, inclusive carreteras, caminos y demás vías públicas locales, para la instalación y reparación de cañerías, conducciones y otras instalaciones, así como cualquier remoción de pavimento o aceras en la vía pública.

g) Ocupación de terrenos de uso público local con mercancías, materiales de construcción, escombros, vallas, puntales, asnillas, andamios y otras instalaciones análogas.

h) Entradas de vehículos a través de las aceras y reservas de vía pública para aparcamiento exclusivo, parada de vehículos, carga y descarga de mercancías de cualquier clase.

i) Instalación de rejas de pisos, lucernarios, respiraderos, puertas de entrada, bocas de carga o elementos análogos que ocupen el suelo o subsuelo de toda clase de vías públicas locales, para dar luces, ventilación, acceso de personas o entrada de artículos a sótanos o semisótanos.

j) Ocupación del vuelo de toda clase de vías públicas locales con elementos constructivos cerrados, terrazas, miradores, balcones, marquesinas, toldos, paravientos y otras instalaciones semejantes, voladizas sobre la vía pública o que sobresalgan de la línea de fachada.

k) Tendidos, tuberías y galerías para las conducciones de energía eléctrica, agua, gas o cualquier otro fluido incluidos los postes para líneas, cables, palomillas, cajas de amarre, de distribución o de registro, transformadores, rieles, básculas, aparatos para venta automática y otros análogos que se establezcan sobre vías públicas u otros terrenos de dominio público local o vuelen sobre los mismos.

l) Ocupación de terrenos de uso público local con mesas, sillas, tribunas, tablados y otros elementos análogos, con finalidad lucrativa.

m) Instalación de quioscos en la vía pública.

n) Instalación de puestos, barracas, casetas de venta, espectáculos, atracciones o recreo, situados en terrenos de uso público local así como industrias callejeras y ambulantes y rodaje cinematográfico.

ñ) Portadas, escaparates y vitrinas.

o) Rodaje y arrastre de vehículos que no se encuentren gravados por el Impuesto sobre Vehículos de Tracción Mecánica.

p) Tránsito de ganados sobre vías públicas o terrenos de dominio público local.

q) Muros de contención o sostenimiento de tierras, edificaciones o cercas, ya sean definitivas o provisionales, en vías públicas locales.

r) Depósitos y aparatos distribuidores de combustibles y, en general, de cualquier artículo o mercancía, en terrenos de uso público local.

s) Instalación de anuncios ocupando terrenos de dominio público local o visibles desde carreteras, caminos vecinales, y demás vías públicas locales.

t) Construcción en carreteras, caminos y demás vías públicas locales de atarjeas y pasos sobre cunetas y en terraplenes para vehículos de cualquier clase, así como para el paso de ganado.

u) Estacionamiento de vehículos de tracción mecánica en las vías de los municipios dentro de las zonas que a tal efecto se determinen y con las limitaciones que pudieran establecerse.

4. Conforme a lo previsto en el apartado 1 anterior, las Entidades locales podrán establecer Tasas por cualquier supuesto de prestación de servicios o de realización de actividades administrativas de competencia local, y en particular por los siguientes:

a) Documentos que expidan o de que entiendan las Administraciones o autoridades locales, a instancia de parte.

b) Autorización para utilizar en placas, patentes y otros distintivos análogos el escudo de la Entidad local.

c) Otorgamiento de licencias o autorizaciones administrativas de auto-taxis y demás vehículos de alquiler.

d) Guardería rural.

e) Voz pública.

f) Vigilancia especial de los establecimientos que lo soliciten.

g) Servicios de competencia local que especialmente sean motivados por la celebración de espectáculos públicos, grandes transportes, pasos de caravana y cualesquiera otras actividades que exijan la prestación de dichos servicios especiales.

h) Otorgamiento de las licencias urbanísticas exigidas por la legislación del suelo y ordenación urbana.

i) Otorgamiento de las licencias de apertura de establecimientos.

j) Inspección de vehículos, calderas de vapor, motores, transformadores, ascensores, montacargas y otros aparatos e instalaciones análogas de establecimientos industriales y comerciales.

k) Servicios de prevención y extinción de incendios, de prevención de ruinas, construcciones y derribos, salvamentos, y, en general, de protección de personas y bienes, comprendiéndose también el mantenimiento del servicio y la cesión del uso de maquinaria y equipo adscritos a estos servicios, tales como escalas, cubas, motobombas, barcas, etc.

l) Servicios de inspección sanitaria así como los de análisis químicos, bacteriológicos y cualesquiera otros de naturaleza análoga y, en general, servicios de laboratorios o de cualquier otro establecimiento de sanidad e higiene de las Entidades locales.

m) Servicios de sanidad preventiva, desinfectación, desinsectación, desratización y destrucción de cualquier clase de materias y productos contaminantes o propagadores de gérmenes nocivos para la salud pública prestados a domicilio o por encargo.

n) Asistencias y estancias en hospitales, clínicas o sanatorios médico-quirúrgicos, psiquiátricos y especiales, dispensarios, centros de recuperación y rehabilitación, ambulancias sanitarias y otros servicios análogos, y demás establecimientos benéfico asistenciales de las Entidades locales, incluso cuando los gastos deban sufragarse por otras entidades de cualquier naturaleza.

ñ) Asistencias y estancias en hogares y residencias de ancianos, guarderías infantiles, albergues u otros establecimientos de naturaleza análoga.

o) Casas de baños, duchas, piscinas, instalaciones deportivas y otros servicios análogos.

p) Cementerios locales, conducción de cadáveres y otros servicios fúnebres de carácter local.

q) Colocación de tuberías, hilos conductores y cables en postes o en galerías de servicio de la titularidad de Entidades locales.

r) Servicios de alcantarillado, así como de tratamiento y depuración de aguas residuales, incluida la vigilancia especial de alcantarillas particulares.

s) Recogida de residuos sólidos urbanos, tratamiento y eliminación de los mismos, monda de pozos negros y limpieza en calles particulares.

t) Distribución de agua, gas, electricidad y otros abastecimientos públicos incluidos los derechos de enganche de líneas y colocación y utilización de contadores e instalaciones análogas, cuando tales servicios o suministros sean prestados por Entidades locales.

u) Servicio de matadero, lonjas y mercados así como el acarreo de carnes si hubiera de utilizarse de un modo obligatorio; y servicios de inspección en materia de abastos, incluida la utilización de medios de pesar y medir.

v) Enseñanzas especiales en establecimientos docentes de las Entidades locales.

w) Visitas a museos, exposiciones, bibliotecas, monumentos históricos o artísticos, parques zoológicos u otros centros o lugares análogos.

x) Utilización de columnas, carteles y otras instalaciones locales análogas para la exhibición de anuncios.

y) Enarenado de vías públicas a solicitud de los particulares.

z) Realización de actividades singulares de regulación y control del tráfico urbano, tendentes a facilitar la circulación de vehículos y distintas a las habituales de señalización y ordenación del tráfico por la Policía Municipal.

«**Artículo 21.**

1. Las Entidades locales no podrán exigir tasas por los servicios siguientes:

a) Abastecimiento de aguas en fuentes públicas.

b) Alumbrado de vías públicas.

c) Vigilancia pública en general.

d) Protección civil.

e) Limpieza de la vía pública.

f) Enseñanza en los niveles de educación obligatoria.

2. El Estado, las Comunidades Autónomas y las Entidades locales no estarán obligados al pago de las tasas por utilización privativa o aprovechamiento especial del dominio público por los aprovechamientos inherentes a los servicios públicos de comunicaciones que exploten directamente y por todos los que inmediatamente interesen a la seguridad ciudadana o a la defensa nacional.»

«**Artículo 23.**

1. Son sujetos pasivos de las tasas, en concepto de contribuyentes, las personas físicas y jurídicas así como las entidades a que se refiere el artículo 33 de la Ley General Tributaria:

a) Que disfruten, utilicen o aprovechen especialmente el dominio público local en beneficio particular, conforme a alguno de los supuestos previstos en el artículo 20.3 de esta Ley.

b) Que soliciten o resulten beneficiadas o afectadas por los servicios o actividades locales que presten o realicen las Entidades locales, conforme a alguno de los supuestos previstos en el artículo 20.4 de esta Ley.

2. Tendrán la condición de sustitutos del contribuyente:

a) En las tasas establecidas por razón de servicios o actividades que beneficien o afecten a los ocupantes de viviendas o locales, los propietarios de dichos inmuebles, quienes podrán repercutir, en su caso, las cuotas sobre los respectivos beneficiarios.

b) En las tasas establecidas por el otorgamiento de las licencias urbanísticas previstas en la normativa sobre suelo y ordenación urbana, los constructores y contratistas de obras.

c) En las tasas establecidas por la prestación de servicios de prevención y extinción de incendios, de prevención de ruinas, construcciones y derribos, salvamentos y, en general, de protección de personas y bienes, comprendiéndose también el mantenimiento del servicio, las Entidades o Sociedades aseguradoras del riesgo.»

d) En las tasas establecidas por la utilización privativa o el aprovechamiento especial por entradas de vehículos o carruajes a través de las aceras y por su construcción, mantenimiento, modificación o supresión, los propietarios de las fincas y locales a que den acceso dichas entradas de vehículos, quienes podrán repercutir, en su caso, las cuotas sobre los respectivos beneficiarios.

«**Artículo 24.**

1. El importe de las tasas previstas por la utilización privativa o el aprovechamiento especial del dominio público local se fijará tomando como referencia el valor que tendría en el mercado la utilidad derivada de dicha utilización o aprovechamiento, si los bienes afectados no fuesen de dominio público. A tal fin, las Ordenanzas fiscales podrán señalar en cada caso, atendiendo a la naturaleza específica de la utilización privativa o del aprovechamiento especial de que se trate, los criterios y parámetros que permitan definir el valor de mercado de la utilidad derivada.

Cuando se utilicen procedimientos de licitación pública, el importe de la tasa vendrá determinado por el valor económico de la proposición sobre la que recaiga la concesión, autorización o adjudicación.

Cuando se trate de tasas por utilización privativa o aprovechamientos especiales constituidos en el suelo, subsuelo o vuelo de las vías públicas municipales, en favor de Empresas explotadoras de servicios de suministros que afecten a la generalidad o a una parte importante del vecindario, el importe de aquéllas consistirá, en todo caso y sin excepción alguna, en el uno y medio por 100 de los ingresos brutos procedentes de la facturación que obtengan anualmente en cada término municipal las referidas Empresas. Dichas tasas son compatibles con otras que puedan establecerse por la prestación de servicios o la realización de actividades de competencia local, de las que las mencionadas Empresas deban ser sujetos pasivos conforme a lo establecido en el artículo 23 de esta Ley.

2. En general, y con arreglo a lo previsto en el párrafo siguiente, el importe de las tasas por la prestación de un servicio o por la realización de una actividad no podrá exceder, en su conjunto, del coste real o previsible del servicio o actividad de que se trate o, en su defecto, del valor de la prestación recibida.

Para la determinación de dicho importe se tomarán en consideración los costes directos e indirectos, inclusive los de carácter financiero, amortización del inmovilizado y, en su caso, los necesarios para garantizar el mantenimiento y un desarrollo razonable del servicio o actividad por cuya prestación o realización se exige la tasa, todo ello con independencia del presupuesto u organismo que lo satisfaga. El mantenimiento y desarrollo razonable del servicio o actividad de que se trate se calculará con arreglo al presupuesto y proyecto aprobados por el órgano competente.

3. La cuota tributaria consistirá, según disponga la correspondiente Ordenanza fiscal, en:

a) La cantidad resultante de aplicar una tarifa.

b) Una cantidad fija señalada al efecto, o

c) La cantidad resultante de la aplicación conjunta de ambos procedimientos.

4. Para la determinación de la cuantía de las tasas podrán tenerse en cuenta criterios genéricos de capacidad económica de los sujetos obligados a satisfacerlas.

5. Cuando la utilización privativa o el aprovechamiento especial lleve aparejada la destrucción o deterioro del dominio público local, el beneficiario, sin perjuicio del pago de la tasa a que hubiere lugar, estará obligado al reintegro del coste total de los respectivos gastos de reconstrucción o reparación y al depósito previo de su importe.

Si los daños fueran irreparables, la Entidad será indemnizada en cuantía igual al valor de los bienes destruidos o al importe del deterioro de los dañados.

Las Entidades locales no podrán condonar total ni parcialmente las indemnizaciones y reintegros a que se refiere el presente apartado.»

«**Artículo 25.**

Los acuerdos de establecimiento de tasas por la utilización privativa o el aprovechamiento especial del dominio público, o para financiar total o parcialmente los nuevos servicios, deberán adoptarse a la vista de informes técnico-económicos en los que se ponga de manifiesto el valor de mercado o la previsible cobertura del coste de aquéllos, respectivamente.»

«**Artículo 26.**

1. Las tasas podrán devengarse, según la naturaleza de su hecho imponible y conforme determine la respectiva Ordenanza fiscal:

a) Cuando se inicie el uso privativo o el aprovechamiento especial, o cuando se inicie la prestación del servicio o la realización de la actividad, aunque en ambos casos podrá exigirse el depósito previo de su importe total o parcial.

b) Cuando se presente la solicitud que inicie la actuación o el expediente, que no se realizará o tramitará sin que se haya efectuado el pago correspondiente.

2. Cuando la naturaleza material de la tasa exija el devengo periódico de ésta, y así se determine en la correspondiente Ordenanza fiscal, el mismo tendrá lugar el 1 de enero de cada año y el período impositivo comprenderá el año natural, salvo en los supuestos de inicio o cese en la utilización privativa, el aprovechamiento especial o el uso del servicio o actividad, en cuyo caso el período impositivo se ajustará a esa circunstancia con el consiguiente prorrateo de la cuota, en los términos que se establezcan en la correspondiente Ordenanza fiscal.

3. Cuando por causas no imputables al sujeto pasivo, el servicio público, la actividad administrativa o el derecho a la utilización o aprovechamiento del dominio público no se preste o desarrolle, procederá la devolución del importe correspondiente.»

«**Artículo 27.**

1. Las Entidades locales podrán exigir las tasas en régimen de autoliquidación.

2. Las Entidades locales podrán establecer convenios de colaboración con entidades, instituciones y organizaciones representativas de los sujetos pasivos de las tasas, con el fin de simplificar el cumplimiento de las obligaciones formales y materiales derivadas de aquéllas, o los procedimientos de liquidación o recaudación.»

«**Artículo 41.**

Las Entidades locales podrán establecer precios públicos por la prestación de servicios o la realización de actividades de la competencia de la Entidad local, siempre que no concurra ninguna de las circunstancias especificadas en la letra B), del artículo 20.1 de esta Ley.

Los preceptos de esta Sección no serán aplicables a las contraprestaciones por los servicios que presten y actividades que realicen los Entes y Organismos públicos que actúen según normas de derecho privado.»

«**Artículo 44.**

Estarán obligados al pago de los precios públicos quienes se beneficien de los servicios o actividades por los que deban satisfacerse aquéllos.»

«**Artículo 45.**

1. El importe de los precios públicos deberá cubrir como mínimo el coste del servicio prestado o de la actividad realizada.

Cuando existan razones sociales, benéficas, culturales o de interés público que así lo aconsejen, la Entidad podrá fijar precios públicos por debajo del límite previsto en el apartado anterior. En estos casos deberán consignarse en los presupuestos de la Entidad las dotaciones oportunas para la cobertura de la diferencia resultante si la hubiese.»

«**Artículo 46.**

Las Entidades locales podrán exigir los precios públicos en régimen de autoliquidación».

«**Artículo 47.**

1. La obligación de pagar el precio público nace desde que se inicie la prestación del servicio o la realización de la actividad, si bien las Entidades podrán exigir el depósito previo de su importe total o parcial.

2. Cuando por causas no imputables al obligado al pago del precio, el servicio o la actividad no se preste o desarrolle, procederá la devolución del importe correspondiente.

3. Las deudas por precios públicos podrán exigirse por el procedimiento administrativo de apremio.»

«**Artículo 58.**

Los Ayuntamientos podrán establecer y exigir tasas por la prestación de servicios o la realización de actividades de su competencia y por la utilización privativa o el aprovechamiento especial de los bienes del dominio público municipal, según las normas contenidas en la Sección 3.ª del Capítulo III del Título I de la presente Ley.»

«**Artículo 117.**

Los Ayuntamientos podrán establecer y exigir Precios Públicos por la prestación de servicios o la realización de actividades de competencia municipal, según las normas contenidas en el Capítulo VI del Título I de la presente Ley.»

«**Artículo 122.**

Las Diputaciones Provinciales podrán establecer y exigir tasas por la prestación de servicios o la realización de actividades de su competencia, y por la utilización privativa o el aprovechamiento especial de bienes del dominio público provincial según las normas contenidas en la Sección 3ª del Capítulo III del Título I de la presente Ley, salvo lo dispuesto en el párrafo tercero del artículo 24.1.»

«**Artículo 129.**

Las Diputaciones Provinciales podrán establecer y exigir precios públicos por la prestación de servicios o la realización de actividades de su competencia, según las normas contenidas en el Capítulo VI del Título I de la presente Ley.»

«**Disposición Adicional Sexta.**

Cuando por la prestación de un servicio o la realización de una actividad se esté exigiendo el pago de un precio público de carácter periódico, y por variación de las circunstancias en que el servicio se presta o la actividad se realiza deba exigirse el pago de una tasa, no será preciso realizar la notificación individual a que se refiere el artículo 124 de la Ley General Tributaria, siempre que el sujeto pasivo y la cuota de la tasa coincidan con el obligado al pago y el importe del precio público al que sustituye.»

Lo dispuesto en el párrafo anterior será de aplicación en el supuesto en el que la cuota de la tasa resulte incrementada respecto del importe del precio público al que sustituya, siempre que tal incremento se corresponda con una actualización de carácter general.

* * *

DISPOSICIONES TRANSITORIAS

* * *

Segunda. *Régimen transitorio de las tasas y precios públicos locales*

1. Antes del día 1 de enero de 1999, las Entidades locales habrán de aprobar los acuerdos precisos de imposición y ordenación de tributos al objeto de

poder exigir tasas con arreglo a las modificaciones introducidas por la presente Ley en la Sección 3.ª del Capítulo III del Título I de la Ley 39/1988, de 28 de diciembre, reguladora de las Haciendas Locales. Asimismo y antes de la fecha indicada, las respectivas Corporaciones deberán aprobar definitivamente y publicar los acuerdos precisos al objeto de poder exigir precios públicos con arreglo a dichas normas.

Entre tanto, y hasta la fecha indicada, las Entidades locales podrán continuar exigiendo tasas y precios públicos con arreglo a la normativa anterior.

2. Las modificaciones a que se refiere el apartado anterior se entienden sin perjuicio del derecho de las Entidades locales a exigir, con arreglo a la normativa modificada las deudas devengadas al amparo de ésta.

3. Las tasas que resulten de lo previsto en el apartado 1 anterior y sean consecuencia de la transformación de precios públicos no estarán sujetas al requisito de notificación individual a que se refiere el artículo 124 de la Ley General Tributaria, siempre que sean de carácter periódico y el sujeto pasivo y la cuota de la tasa coincidan con el obligado al pago y el importe del precio público al que sustituye.

Lo dispuesto en el párrafo anterior será de aplicación aún en el supuesto en el que la cuota de la tasa resulte incrementada respecto del importe del precio público al que sustituya, siempre que tal incremento se corresponda con una actualización de carácter general.

DISPOSICIÓN DEROGATORIA

Única. *Régimen derogatorio*

A la entrada en vigor de la presente Ley y sin perjuicio de lo previsto en la disposición Transitoria Segunda de esta Ley, quedan derogadas cuantas disposiciones legales y reglamentarias se opongan a la misma y en particular:

a) El Real Decreto-Ley 2/1996, de 26 de enero, sobre determinadas prestaciones patrimoniales de carácter público gestionadas por la Administración General del Estado y los entes públicos de ella dependientes.

b) El artículo 5 y Disposición Adicional Primera de la Ley 8/1989, de 13 de abril, de Tasas y Precios Públicos.

c) El artículo 43 de la Ley 39/1988, de 30 de diciembre, reguladora de las Haciendas Locales.

d) Los artículos 20 al 25, ambos inclusive, del Decreto 3059/1966, de 1 de diciembre, por el que se aprueba el Texto Refundido de Tasas Fiscales.

e) La Orden de 13 de octubre de 1994, por la que se regulan los precios públicos de la Dirección General del Centro de Gestión Catastral y Cooperación Tributaria por la distribución pública de información catastral cartográfica y alfanumérica.

f) Quedan derogados el apartado 5 del artículo 46 del Real Decreto Legislativo 1/1993, de 24 de septiembre, por el que se aprueba el Texto Refundido de la Ley del Impuesto sobre Transmisiones Patrimoniales y Actos Jurídicos Documentados y el artículo 19 de la Ley 29/1987, de 18 de diciembre, del Impuesto sobre Sucesiones y Donaciones.

DISPOSICIONES FINALES

* * *

Tercera. *Autorización al Gobierno*

Se autoriza al Gobierno para dictar cuantas disposiciones sean necesarias para el desarrollo y aplicación de la presente Ley.

Cuarta. *Entrada en vigor.*

La presente Ley entrará en vigor el día siguiente al de su publicación en el «Boletín Oficial del Estado»

* * *

Este libro acabó de imprimirse
el dia 9 de Septiembre
de 1998

Editorial CISS, S.A.
Apartado F.D. 20
46080 VALENCIA

NO NECESITA
SELLO
A franquear
en destino

RESPUESTA
COMERCIAL
Autorización nº 4.823
B.O.C Y T. 7-12-79

REMITE

NOMBRE ....

CALLE ....

POBLACION...

C.P. .... PROVINCIA ....